『区域经济现实问题研究』

区域创新时空演变及其对收入差距的影响

基于中国地级及以上城市的分析

郭泉恩◎著

基于多学科视角研究中国城市区域创新发展问题

SPATIAL-TEMPORAL EVOLUTION OF REGIONAL INNOVATION AND ITS IMPACT ON INCOME INEQUALITY

Evidence from Chinese city-regions

★本书的出版得到了江西省“一流本科专业”建设经费（9166-27050022）的资助

经济管理出版社
ECONOMY & MANAGEMENT PUBLISHING HOUSE

图书在版编目（CIP）数据

区域创新时空演变及其对收入差距的影响/郭泉恩著．—北京：经济管理出版社，2019.7
ISBN 978－7－5096－3900－9

Ⅰ．①区…　Ⅱ．①郭…　Ⅲ．①区域经济发展—影响—收入差距—研究—中国
Ⅳ．①F124.7

中国版本图书馆 CIP 数据核字(2019)第 244269 号

组稿编辑：王光艳
责任编辑：许　艳
责任印制：黄章平
责任校对：张晓燕

出版发行：经济管理出版社
（北京市海淀区北蜂窝 8 号中雅大厦 A 座 11 层　100038）
网　　址：www. E－mp. com. cn
电　　话：(010) 51915602
印　　刷：北京晨旭印刷厂
经　　销：新华书店
开　　本：720mm×1000mm/16
印　　张：13. 25
字　　数：216 千字
版　　次：2019 年 11 月第 1 版　　2019 年 11 月第 1 次印刷
书　　号：ISBN 978－7－5096－3900－9
定　　价：68. 00 元

前　言

世界经济发展已经进入知识经济时代，技术创新在当今社会发挥着越来越重要的作用。创新可以推动经济增长，产生新的就业岗位，促进劳动力收入增加。同时，创新也是国家和企业提高竞争力的重要手段，是国家在全球竞争中保持一定地位的必备条件。创新发展不仅是国家战略问题，也是经济学、管理学和地理学等学科关注的热点之一。本书以区域创新为研究对象，具体指的是城市技术创新水平，用每百万人均拥有专利申请数表示；主要关注中国区域创新的时空演变以及区域创新如何影响收入差距两大问题。分析区域创新随时间和空间的变化情况能够进一步揭示其发展规律，在一定程度上为国家和地区制定创新发展政策提供参考；研究创新对收入差距的影响，有助于厘清创新发展所带来的益处在人群中的分配情况，解答创新是否会扩大收入差距这一问题，为中国缓解收入分配矛盾提供思路。

与已有研究不同的是，本书以异质性更小的地级及以上城市为单元，打破了中国整体范围创新研究大多是以省域为尺度的局面；区域创新时空演变的研究跨度为1986年以来，明显长于已有文献，能够更全面地把握区域创新演变规律；使用多种类型的空间权重矩阵定义地区空间关系，能更科学地研究区域创新时空演变的影响因素以及区域创新的空间溢出效应；城市样本检验和微观个体分析相结合，深入研究创新如何影响不同类型劳动力的收入从而带来收入差距的变化，为我国研究区域创新与收入差距两者的关系提供有力证据。

具体地，本书利用网络爬虫技术构建中国地级及以上城市的专利申请数据库，结合微观调查数据和统计年鉴数据等，共同构成了实证研究的数据来源。在总结新增长理论、技术差距理论、技术空间扩散理论、知识溢出理论、创新影响劳动力就业理论、创意阶层理论以及国内外相关文献的基础上，本书首先分析了自 1986 年以来中国区域创新随时间演变规律和空间动态分布；其次，结合多种规则的空间权重矩阵，基于高校视角，使用空间计量经济模型分析了区域创新时空演变的影响因素；再次，以 Murphy 等的劳动力相对需求模型为基础，从城市层面分析了区域创新与收入差距两者之间的关系；复次，对 Mincer 工资方程进行扩展，从个体层面分析了区域创新发展对高技能劳动力收入和低技能劳动力收入的影响，为区域创新与收入差距两者之间关系的城市样本检验提供微观证据；最后，根据以上研究结论为中国创新发展提供对策建议。

通过以上研究，本书得出以下四点主要结论：

第一，区域创新存在绝对 β 收敛趋势，但整体空间差异仍在扩大。从时间维度来看，自 1986 年以来全国整体创新水平的标准差呈现增加趋势，因此并不存在 σ 收敛，即区域创新在地区间的相对差距并未随着时间的推移而逐渐缩小。而无论是否考虑区域创新的空间自相关，均得到区域创新存在绝对 β 收敛趋势的结论，即创新初始水平较低的地区都趋于以更快速度发展。从空间维度来看，区域创新在研究时段内出现先扩散后集聚的变化，具体来看全国大部分地区的创新水平自 1986 年后开始出现明显提升，且每个地区的增长幅度不一，到 2012 年东部地区的创新水平明显高于全国其他地区，在长三角和珠三角地区已经出现创新高水平集聚区，深圳是创新水平最高的地区，并且与其他地区的差距还在继续扩大。

第二，高校研发有利于提高区域创新水平，其中研发资金的影响存在滞后。本书从高校研发人员和研发资金两方面衡量高校研发投入情况。高校研发人员能够通过发表论文、申请专利以及开设讲座等方式促进区域创新水平的提高，且这种积极作用表现在当期，可能的原因是人员具有较大灵活性，可以根据创新发展的不同阶段和方向及时做出应对措施。提高研发资金投入可以通过展开更高质量和更频繁的科研活动来促进区域创新发展，但这种积极影响存在滞后，可能的原因是学科差异较大和经费监管不足等导致资金利用效率不高。

第三，创新在地级及以上城市之间表现出正向溢出效应。基于 K 值最邻近四点、地理距离矩阵和地理距离二次项矩阵所得出的结果均表明创新在地级及以上城市之间存在正向溢出，即地区发展创新还会对其他周边地区产生促进作用。原因是创新水平较高的地区往往拥有更多创新型人才、更高水平的研究型高校、更宽容的社会环境等有利于创新发展的要素，由于地理距离较近，地区之间容易发生频繁互动从而产生人员流动和知识溢出等，为创新水平较高的地区带动其他地区的创新发展创造了条件。

第四，区域创新与收入差距之间存在非线性关系。创新能通过生产率、专利、高技能劳动力流动、技能偏向型技术进步和就业补偿等途径影响收入差距，然而在创新发展的实际过程中，影响劳动力收入的这些要素并非同时发生作用，两者关系仍需进一步检验。在城市样本研究中，创新与收入差距之间的倒U形关系得到验证，即随着创新水平的提高，收入差距会经历先扩大后缩小的变化。在微观个体研究中，创新与高技能劳动力收入之间成正比，与低技能劳动力收入之间呈U形关系，即随着创新水平的提高，高技能劳动力的收入会一直增加，而低技能劳动力的收入会先降低后增加。创新对不同类型劳动力收入的影响佐证了基于城市样本得到的研究结果。

根据以上研究结论，本书得出以下四点主要政策启示：

第一，加大对东北和中西部地区高校研发人员和研发资金投入。中国创新发展的地区差异较大，东部地区的创新水平明显高于其他地区。另外，全国主要高校资源都集中在北京和上海等地，与东部地区相比，东北和中西部地区的高校资源则明显较少，其研发投入也相对不足。因此，为缓解区域创新发展的不平衡度，建议加大对东北和中西部地区高校研发人员和研发资金投入，促进高校研发对区域创新发展的积极作用，最终达到提高东北和中西部地区的创新水平以及缩小其与东部地区差距的目的。

第二，通过加强相邻地区间合作促进创新均衡发展。创新水平较高的地区与其他相邻地区间频繁互动而产生的人员流动和知识溢出等，为该地区带动其他地区的创新发展创造了条件。应充分利用这一溢出效应，促进区域创新均衡发展。建议加强相邻地区间的信息交流和人员流动，鼓励设立跨地区的创新协调组织，进一步促进地区间的创新合作，实现创新绩效最大化。同时，政府在制定创新发展政策时，除了根据各地区的特点因地制宜发展创新外，还应将创新在地区间的这种相互作用纳入考虑范围，最终实现创新的可持续发展。

第三，促进高技能劳动力对低技能劳动力的正向溢出。由于知识的公共属性，在平时的交流和学习过程中，高技能劳动力能够帮助低技能劳动力中那些天分较好、学习能力较强的人群发挥自身才能，提高他们的工作能力和收入水平，最终缩小两者之间的收入差距。高技能劳动力对低技能劳动力的这种溢出作用有助于缓和收入差距。因此，应增加两种类型劳动力的接触机会，如开设培训课程、鼓励低技能劳动力和高技能劳动力一起参与管理工作等。此外，提高低技能劳动力的受教育水平和接受能力也是保证高技能劳动力正向溢出效果的重要方面。国家应重视地方尤其是农村及偏远地区教育事业的发展，提高国民平均教育水平。同时，还应大力发展职业教育，对受教育程度较低的劳动力进行专业技能培训。

第四，政府应改善低技能劳动力就业的制度环境。随着收入的增加和工作越来越繁忙，高技能劳动力对家政服务等的依赖为低技能劳动力提供了大量就业机会。通过规范市场化经营，在经过专业管理培训后，大部分低技能劳动力都能获得较为可观的薪水。然而，目前中国的就业市场还存在较为严重的户籍歧视，这就使得农民工的平等就业权利受到了侵害。加上中国城乡人力资本差距较大，大部分农村地区的居民都属于低技能劳动力，因此要想保证低技能劳动力的就业补偿效应能够充分发挥作用，就要缓解劳动力就业市场上的户籍歧视程度，改善低技能劳动力（尤其是农民工）的就业制度环境。建议政府部门加强呼吁和宣传就业公平，制定相关政策禁止企业在招工过程中对应聘人员设置户籍要求，设立专门机构为低技能劳动力提供免费维权服务，同时确保农民工就业升职机会的公平性，加大劳动力市场的竞争性。

目　录

❶ 导论

本章首先从创新的重要性、中国发展创新的一系列措施以及中国创新能力在全球中的排名三个方面介绍了研究背景，并根据学界已有相关研究提出本书的研究问题与意义；其次，具体介绍每一章节的研究内容以及本书的理论和实践目标；再次，对本书所使用的研究方法和研究框架进行了说明；最后，提出了本书的研究重点、难点以及可能的创新之处。

1.1 研究背景与意义

1.1.1 研究背景

“创新”（Innovation）这一概念最早是由美籍奥地利经济学家熊彼特于1934年在《经济发展理论》（*The Theory of Economic Development*）一书中提出，其内容主要包括构建一种全新的生产函数，以及企业家把新的生产要素组合投入实际应用中。创新可以推动经济增长、创造新的就业岗位和促进劳动力收入增加（OECD，2010）。同时，创新也是国家和企业提高竞争力的重要手段，是国家和企业在全球竞争中保持一定地位的必备条件。作为国家重要生产方式和社会可持续发展的基础与核心，创新在当今社会发挥着越来越重要的作用。

首先，创新活动在提高生产率方面具有重要作用。21 世纪初计算机的使用，大大简化了工作流程，工作效率得到明显提高。随之发展的 IT 行业，更是为国家全要素生产率的提高做出了巨大贡献。其次，创新促进了新产业和新企业的产生。创新密集型产业往往能够帮助企业获得更高的利润，使这些企业能够支付更优厚的工资，最终在激烈的竞争环境中生存下来。如美国创新密集型产业工作人员的平均工资在二十年间增加了一倍，并且远远高于全国的平均工资水平。最后，创新还会造成企业的优胜劣汰。那些创新水平较低的企业所获得的利润往往低于创新水平较高的企业，最终因为常常达不到经济目标而不得不退出市场。也有研究表明，无法将年收入中至少 10% 的来源替换为新的产业或服务的公司，将很有可能面临在未来五年内被淘汰的危险（Keeley，2007）。但事实上，这种优胜劣汰竞争的动态过程正是国家和社会得以经济复兴和发展的重要源泉。

实际上，中国政府一直以来为发展创新做出了较多努力。如 1991 年中国在全国范围内兴建高新技术开发区，目的是为企业和个人的创新创业提供基地，加快科技成果向生产力转变，解决科技与经济难以完美结合的问题；在 1995 年召开的全国科学技术大会上，江泽民同志提出“创新是一个民族进步的灵魂，是国家兴旺发达的不竭动力”；1999 年召开的全国技术创新大会明确了应促进企业成为国家创新主体，推动和加强企业、高校和科研机构三者之间的联系，真正实现知识的产业化和市场化；2005 年科技部颁布了《国家高新技术产业开发区技术创新纲要》，并于同年 8 月召开了国家高新技术产业开发区工作会议，主要内容是为高新区提供政策和管理等方面的便利，目的是以高新区为试点基地发展创新；2006 年在北京召开的第四届全国科学技术大会发布了《国家中长期科学和技术发展规划纲要（2006—2020）》，该纲要中明确提出要走中国特色的自主创新道路，加快建设创新型国家，并提出了中国创新的发展方向。2012 年胡锦涛同志在党的十八大报告中提出“实施创新驱动发展战略”，要求将科技创新必须摆在国家发展全局的核心位置。李克强总理于 2014 年提出的“大众创业，万众创新”号召，使中国创新发展掀起了一股新的热潮。

在知识经济时代，国家与国家之间的竞争已经开始由生产能力的强弱转向创新能力的对比。许多机构也纷纷开始对世界各国的创新能力进行评价和排名。根据中国科学技术发展战略研究院发布的《国家创新指数报告》（2012）和《国家创新指数报告》（2016），2012 年美国的创新能力在世界范围内排名第一，中国排名第 20 位；到 2016 年，美国的排名仍然保持第一，中国的排名上升至第 17 位。在世界经济论坛发布的《全球竞争力指数报告（2015—2016）》和《全球竞争力指数报告（2016—2017）》中，有一项关于创新水平的指标排名，其中排名第一位的一直是瑞士，中国则从第 31 位前进至第 29 位。从世界各国创新能力的总体排名情况来看，发达国家的创新水平普遍高于发展中国家，中国在发展中国家中的创新水平相对较高。

尽管这些机构采用了不同的评价标准，但基本都揭示了同一个现象，就是中国在全球范围国家创新能力中的相对水平正在稳步提升。中国创新发展势头良好，研究中国创新发展问题一方面能够为本国创新的进一步发展提供参考，另一方面也能为其他发展中国家提供经验借鉴。

1.1.2 提出研究问题

随着创新在提高生产效率、促进经济发展方面的作用逐渐被证实（Colino 等，2014；Kung 和 Schmid，2015；王婷和孙斌栋，2015；Pradha 等，2016；周慧等，2017），国内外学者也开始纷纷将创新列为关注热点之一。国内外的相关研究主要集中在创新理论（毛凯军，2005；张凤海和侯铁珊，2008；Sears 和 Baba，2011；Parker，2012；周青等，2012；王松等，2013）、空间结构（李志刚等，2006；Backman 和 Loof，2015；Wang，2015；Wang 等，2016；郭泉恩和孙斌栋，2016）、影响因素（王家庭和贾晨蕊，2009；王锐淇和张宗益，2010；Minh 和 Hjortso，2015；周柯和唐娟莉，2016）、创新网络（Fitjar 等，2016；Lazzeretti 和 Capone，2016；Rehm 等，2016；张红宇等，2016；赵文平和杨海珍，2016）和产学研协同创新（Brostrom，2011；刘瑞等，2016；其格其等，2016；吴昊和张天译，2016；Xu 等，2017）等方面。

目前，创新研究主要集中在经济学、管理学和地理学等学科。每个学科都有其各自的特点，因此它们在研究创新所采用的视角和方法等方面存在一定差异。具体来看，经济学和管理学对创新问题的研究主要包括理论和实证两方面。从理论层面进行分析，探讨创新要素之间的相互作用及其内部的影响机制；基于经典理论和假设构建实证模型，选取和更换合适的变量以尽可能降低其内生性和可能存在的测量误差对模型结果的影响，并进行一系列的稳健性检验，目的是厘清社会、经济和政策等方面的因素与创新之间的关系。地理学对创新的研究大多是利用地理信息系统技术对不同尺度的创新水平进行可视化，结合集中度指数、空间探索性数据分析（ESDA）等传统地理学统计方法和计量经济学方法，分析创新的空间分布、集聚情况和溢出作用等，并利用计量模型从统计学角度研究要素之间的相关性。

创新活动的产生具有地域性。研究区域创新问题不仅有利于培育区域经济长期发展的增长源，同时也是区域可持续发展的源泉和必由之路。因此，本书选择区域创新作为研究对象，主要关注中国区域创新的时空演变以及区域创新与收入差距的关系这两大问题。分析区域创新随时间和空间的动态变化能够进一步洞悉创新发展规律，在一定程度上为国家和地区制定相关政策提供依据；研究区域创新对收入差距的影响，有助于厘清创新发展所带来的益处在人群中的分配情况，解答创新是否会扩大收入差距这一问题，为中国缓解收入分配矛盾提供思路。然而，目前已有关于区域创新时空演变的研究，普遍研究时间跨度不长，难以全面把握区域创新的演变规律；除经济增长外，对其他创新绩效问题的关注较少；已有结论大多停留在省域这一异质性较大的研究单元，这些均会导致为中国区域创新发展提供的政策启示相对有限，因此有必要突破现有研究局限，进一步考察一些新的问题，具体如下：

（1）研究中国城市创新问题。城市不仅是创新的载体，还是国家和地区发展的重要引擎。由于中国的不同地区之间存在较大差异，与省域相比，以城市为研究单元分析创新问题更为适合。那么，中国城市创新的空间分布情况如何？城市发展创新会对城市中生活的居民带来怎样的影响？回答这些问题无疑对创新发展政策的提出更具有指导意义。

（2）区域创新的发展规律问题。本书所使用的创新相关数据最早可追溯至1986 年，那么自 1986 年以来中国区域创新经历了怎样的变化？整体是趋于收敛还是分异？不同地区的创新发展规律是否相同？造成区域创新发生变化的原因又有哪些？弄清区域创新的时空演变规律，了解其影响因素，对国家和地区进一步整合创新资源、优化创新结构都具有积极意义。

（3）不同空间关系测度结果的比较问题。一般来说，创新及其相关要素在地区间存在空间相互作用。而已有研究中对地区空间关系的定义大多使用的是基于 Rook 规则的一阶空间邻接矩阵，实际上除此之外还有 K 值最邻近四点和地理距离等其他规则的权重矩阵。由于这几种不同类型的矩阵在对地区空间关系的定义上存在差异，所得的研究结论可能会有所不同。以往相关研究大多都是以空间邻接矩阵展开，如果将多种规则的矩阵应用到区域创新研究问题上，并与基于空间邻接矩阵的结果进行比较，这也是一个值得进一步研究的方向。

（4）中国创新发展如何影响收入差距的问题。国外研究已表明区域创新发展会影响劳动力收入并引起收入差距变化。中国收入分配矛盾由来已久，如果收入不平等继续扩大将会带来幸福感降低、犯罪率上升等问题，不利于社会稳定。与此同时，中国正处于大力发展创新的时期，那么在中国发展创新是否会对劳动力收入产生影响？区域创新是会导致已经凸显的收入差距继续扩大，还是能够缓解收入分配矛盾？回答这些问题，将会对创新未来发展方向起到一定引导作用。

1.1.3 研究意义

本书旨在解决以上四点问题，其意义主要体现在理论和应用实践两个方面，具体如下：

（1）理论意义。分析中国区域创新时空演变及其对收入差距的影响，其理论意义主要体现在以下四个方面：首先，以城市为单元研究全国范围内的区域创新问题，能够拓宽创新发展的研究视角，深化对创新发展的认识；其次，能够延长研究时间跨度，分析创新随时间和空间的演变情况，可以更科学地总结创新发展规律；再次，将空间计量经济学理论引入创新影响因素研究，结合多规则的空间权重矩阵，能够深化创新影响因素的研究内容；最后，基于城市和个体两个层面分析创新对收入差距的影响，深刻认识创新对不同类型劳动力收入以及收入差距的影响，丰富了区域创新与收入差距关系的研究内容。

（2）实践意义。对中国区域创新的时空演变以及区域创新与收入差距关系的分析，其实践意义主要体现在以下三个方面：首先，通过分析长时间序列下区域创新随时间和空间的变化情况，能够全面揭示中国区域创新随时间收敛的规律和空间分布情况，为国家和地区制定创新发展政策提供参考；其次，在考虑了区域创新空间溢出的情况下，结合多种规则的空间权重矩阵，使用空间计量经济模型分析区域创新的影响因素，能够了解引起区域创新水平发生变化的原因，为缓解区域创新空间差异较大的问题提供政策建议；最后，除了从城市层面分析区域创新对收入差距的影响，还借助微观调查数据从个体层面分析区域创新对高技能劳动力和低技能劳动力收入的影响，不仅为基于城市样本得出的结论提供了微观证据，还揭示了创新发展所带来的益处在人群中如何分布，以及回答了创新如何影响收入不平等问题。

1.2 研究内容与目标

1.2.1 研究内容

对研究问题的解答构成了本书的主要研究内容。本书以中国地级及以上城市为研究单元，首先对 1986 年以来中国区域创新的时空演变规律进行了分析；其次结合多种规则的空间权重矩阵，从高校视角使用空间计量经济模型分析区域创新的影响因素及其空间溢出效应；再次从城市层面对区域创新与收入差距两者之间的关系进行检验；复次从个体层面研究区域创新分别对高技能劳动力和低技能劳动力收入的影响，也为创新与收入差距两者之间关系的城市样本检验结果提供了微观证据；最后根据以上研究提出政策建议。

本书的整体内容共分为 7 章，具体安排如下：

第 1 章为导论。本章首先对创新发展的重要性进行了说明，回顾了中国政府为发展创新所采取的一系列措施，并提出了研究中国创新问题的意义；其次介绍了学术界中创新研究的总体情况，说明了本书的研究对象和研究意义，并提出了研究问题；再次为解决这些问题详细介绍了本书的设计内容，其中包括研究内容、研究目标、研究方法和研究框架等；最后对本书研究内容的重点、难点部分进行了分析，并提出了本书的可能创新之处。

第2章为理论基础与研究进展。本章主要分为三个部分，首先对书中所涉及的重要概念进行了界定；其次从区域创新的时空演变、高校与区域创新的关系以及区域创新对收入差距的影响三个方面，对所涉及的理论包括新增长理论、技术差距理论、技术空间扩散理论、知识溢出理论、创新影响劳动力就业理论以及创意阶层理论等进行了回顾，并对国内外相关研究的进展进行了分析和归纳；最后在已有文献的基础上提出了本书的切入点。

第3章为1986年以来区域创新的时空演变研究。基于中国288个地级及以上城市1986~2012年共27年的专利申请数据，用每百万人均拥有专利申请数表示区域创新水平，首先分析了创新平均值及其增长率的变化情况；其次分析了创新水平随时间的σ收敛和绝对β收敛趋势；再次根据区域创新的基尼系数测度其空间集中程度；最后在研究时段内选取1986年、1991年、1996年、2001年、2006年和2012年并对不同年份创新水平的空间分布进行可视化研究，进一步分析其动态变化情况。

第4章为区域创新时空演变的影响因素分析：基于高校视角。在第3章研究的基础上，本章对引起区域创新水平发生变化的影响因素进行了分析。结合《高等学校科技统计资料汇编》等数据，基于2005~2012年中国地级及以上城市的面板数据，使用空间计量经济模型扩展知识生产函数，从高校研发人员和研发资金两个方面分析高校对区域创新的影响。其中，除基于Rook规则的一阶空间邻接矩阵外，还选用K值最邻近四点矩阵、地理距离矩阵和地理距离二次项矩阵分别从不同角度定义了地区间的空间关系，并充分考虑了研发投入要素可能存在的滞后性，对模型结果进行了一系列的稳健性检验，以期科学验证高校对区域创新的影响。

第5章为区域创新影响收入差距的城市样本检验。第3章和第4章对区域创新的时空演变及其影响因素进行了分析，本章和第6章主要关注区域创新对收入差距的影响。学界关于创新影响收入差距的研究大多是以欧美国家或地区为研究范围，对发展中国家或地区的研究则较少。中国的收入差距问题自20世纪70年代开始就已存在，收入不平等程度加剧会带来一系列的社会问题，因此有必要关注中国创新与收入差距的关系。本章以中国地级及以上城市为研究单元，基于2004～2012年的面板数据，首先从全国以及东部、东北、中部和西部四大地区的不同范围分别对中国收入差距的演变进行了描述性分析；其次构建计量经济模型分析了区域创新对收入差距的影响；再次使用面板门槛模型对创新与收入差距的关系做进一步的稳健性检验；最后考虑了地区的异质性，分别检验在东部、东北、中部和西部地区创新对收入差距的影响，基于不同角度和方法验证创新与收入差距之间的关系。

第6章为区域创新影响收入差距的微观个体分析。本章的目的是分析区域创新如何分别影响高技能劳动力收入和低技能劳动力收入从而造成收入差距变化，同时也为前一章区域创新影响收入差距的城市样本研究提供微观证据。首先，基于2010年中国综合社会调查（CGSS）数据，筛选出年龄在18～60岁（女性为18～55岁）且收入不为零的样本，将最终选出的6799位调查对象按其受教育程度分为高技能劳动力和低技能劳动力两类；其次，利用扩展后的Mincer工资方程，分析区域创新与这两种类型劳动力收入之间的关系；再次，在模型中继续加入城市的其他影响因素，对模型回归结果进行检验；复次，变换劳动力的分类标准，即根据被调查对象从事的职业所包含技术性的高低重新划分劳动力类型，以验证创新对这两种劳动力收入影响结论的稳健性；最后，考虑到创新对劳动力收入的影响可能存在滞后，同时也为了缓解反向因果作用，分别将创新滞后一年、五年和十年后依次放入模型，并对以上模型结果作进一步检验。

第7章为研究结论与启示。本章主要包括研究结论、政策启示、研究不足与展望。首先对经过理论分析和实证研究所得出的结果进行了总结；其次根据研究结论提出了加大东北和中西部地区高校研发人员和研发资金投入、通过加强相邻地区间合作促进创新均衡发展、促进高技能劳动力对低技能劳动力的正向溢出以及改善低技能劳动力就业的制度环境等政策建议；最后分析了本书仍然存在的不足并对今后的研究进行了展望。

1.2.2 研究目标

本书拟实现的研究目标主要分为理论目标和实践目标两个方面，具体内容如下：

（1）理论目标。研究中国区域创新的时空演变及其对收入差距的影响，将研究单元细化至城市层面，丰富中国区域创新的研究内容；分析长时间序列下区域创新随时间和空间演变的情况，全面归纳创新随时间的变化规律及空间差异特征；将空间计量经济学理论引入创新影响因素分析中，在充分考虑区域创新空间溢出作用的基础上，结合不同规则的空间权重矩阵研究高校对区域创新的影响，丰富技术空间扩散理论和知识溢出理论；从城市层面研究创新对收入差距的作用，再结合微观数据分析创新如何影响不同类型劳动力的收入，将创新影响劳动力就业理论以及创意阶层理论应用于中国案例，丰富区域创新与收入差距关系的研究。

（2）实践目标。基于中国地级以上城市的专利申请数据，结合《高等学校科技统计资料汇编》《中国城市统计年鉴》《中国区域经济统计年鉴》以及其他各省市的统计年鉴数据，开展全国范围内以城市为单元的创新研究；分析自1986年以来的长时间序列下中国区域创新随时间和空间变化的特征；在充分考虑高校研发投入可能存在滞后性的同时，还分别使用四种不同规则定义下的空间权重矩阵，结合空间计量经济模型分析高校对区域创新的影响；从城市样本和微观个体两个层面研究中国区域创新如何影响高技能劳动力和低技能劳动力的收入，从而引起收入差距变化；最后基于以上结论为中国区域创新发展提供对策建议。

1.3 研究方法与框架

1.3.1 研究方法

本书涉及的研究方法主要有理论分析、实证研究、城市研究、个体分析、空间分析以及计量研究等，在实际研究过程中将这些方法进行了交叉融合应用，具体如下：

（1）理论分析与实证研究相结合。本书从多学科视角出发，将经济学、管理学和地理学中的相关理论进行了回顾和梳理，并在对国内外相关文献进行总结归纳后，提出了本书的研究视角和研究内容。同时，由国家知识产权局的城市专利数据、《中国城市统计年鉴》、《中国区域经济统计年鉴》、《高等学校科技统计资料汇编》以及《中国家庭追踪调查数据》等构成本书的实证数据来源，结合计量经济学模型和空间计量经济学模型，本书对区域创新的时空演变及其对收入差距影响这两个研究问题进行了实证分析。

（2）城市样本检验与微观个体分析相结合。本书基于城市样本，使用加入创新的二次项、面板门槛模型和地区异质性检验等方法分析了区域创新与收入差距之间的非线性关系。与此同时，本书采用2010年中国综合社会调查（CGSS）数据，筛选出年龄在18～60岁（女性为18～55岁）且收入不为零的样本，将最终得到的6799个观察对象按其受教育水平划分为高技能劳动力和低技能劳动力，并经过一系列稳健性检验后，说明区域创新是如何影响这两种劳动力的收入从而造成收入差距变化的，即从微观个体角度揭示区域创新影响收入差距的内在原因。

（3）空间分析与计量研究相结合。本书在分析区域创新的时空演变过程中，利用ArcGIS 10.2软件对中国东部、东北、中部和西部四大地区的空间位置，以及不同年份中国区域创新的空间分布分别进行了可视化研究；在对区域创新时空演变的影响因素进行分析时，为检验区域创新是否存在空间相互作用，利用Geoda 1.6.6软件对区域创新的全局自相关和局部自相关进行了检验；在分析区域创新与劳动力收入之间的关系时，使用ArcGIS 10.2对所采用的CGSS 2010年数据调查地区的空间分布进行了可视化研究，证明抽样地区分布均匀，调查数据具有代表性。与此同时，在分析区域创新的绝对β收敛趋势以及创新与收入差距关系的研究中，本书利用Stata 13.0软件结合一般最小二乘法（OLS）、面板门槛回归等方法从全国以及东部、东北、中部和西部四大地区这两个范围分别展开了计量分析；利用Matlab 2010软件，就高校对区域创新的影响进行了空间计量分析，同时考虑地区间不同空间关系以及高校研发投入要素可能存在的滞后性对模型结果的影响。

1.3.2 研究框架

根据本书的总体思路、研究内容、研究目标和方法等，设计的研究框架如图1－1所示。

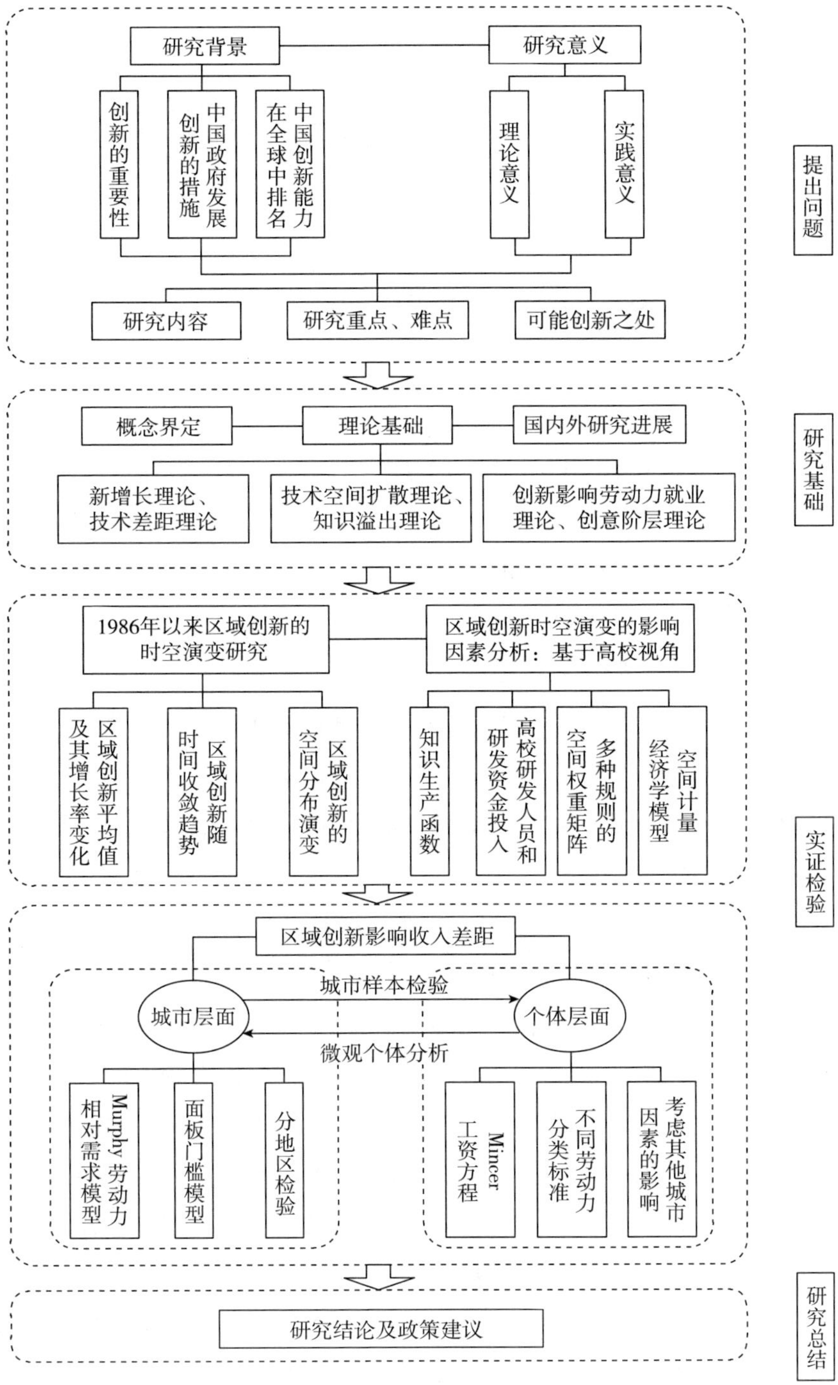
研究背景
研究意义
创新的重要性
中国政府发展创新的措施
中国创新能力在全球中排名
理论意义
实践意义
研究内容
研究重点、难点
可能创新之处
概念界定
理论基础
国内外研究进展
新增长理论、技术差距理论
技术空间扩散理论、知识溢出理论
创新影响劳动力就业理论、创意阶层理论
1986年以来区域创新的时空演变研究
区域创新时空演变的影响因素分析：基于高校视角
区域创新平均值及其增长率变化
区域创新随时间收敛趋势
区域创新的空间分布演变
知识生产函数
高校研发人员和研发资金投入
多种规则的空间权重矩阵
空间计量经济学模型
区域创新影响收入差距
城市层面
个体层面
城市样本检验
微观个体分析
Murphy劳动力相对需求模型
面板门槛模型
分地区检验
Mincer工资方程
不同劳动力分类标准
考虑其他城市因素的影响
研究结论及政策建议
提出问题
研究基础
实证检验
研究总结

图 1-1 本书的研究框架

1.4 重点、难点和可能创新之处

1.4.1 重点和难点

本书研究内容所涉及的重点和难点主要包含以下三个方面：

（1）长时间序列下中国市域单元创新数据库的构建。目前关于全国范围内创新的实证研究（尤其是基于面板数据的实证研究）大多以省域为研究单元，主要原因是国内相关部门和统计机构尚未公布多年连续的城市创新统计数据。而实际情况是中国大多数省域的面积较大，同一省域内部的不同城市之间仍存在较为明显的差异，以省域为研究单元会忽略其异质性较大的问题，导致不能很好地对创新相关问题进行研究，所以研究单元亟待细化。此外，已有关于区域创新演变的研究大多时间跨度为 10 ~ 15 年，时间长度不够难以完整揭示区域创新的演变规律。因此，如何突破已有数据限制，细化中国创新研究单元和延长研究时间跨度是本书的研究重点之一。

（2）基于不同规则权重矩阵的空间面板数据模型分析。在对区域创新影响因素的分析中，使用一般计量经济模型进行估计往往会因为忽视创新的空间相互作用而造成研究结果的有偏。同时，在其他使用了能够控制区域创新空间相互影响的空间计量经济模型的研究中，大多基于与实际情况出入较大的一阶空间邻接矩阵，导致研究结果的不科学性。空间权重矩阵是用来定义城市之间的空间关系的，选择何种空间权重矩阵会直接影响对区域创新及其相关因素空间溢出作用的测度结果。如何基于不同规则构建全国城市之间的空间权重矩阵，并结合面板数据使用空间计量经济模型分析高校对区域创新的影响是本书的重点和难点。

（3）对区域创新与收入差距关系的实证检验。理论上，区域创新与收入差距之间存在密切关系。区域创新会因生产率提高、专利获利、高技能劳动力流动和技能偏向型技术进步而使高技能劳动力成为最早的获益人群，促进这部分人群的收入增加。但同时，生产率的提高、高技能劳动力的流动和就业补偿效应等也会通过提高平均收入水平、高技能劳动力对低技能劳动力的知识和技术溢出以及促进低技能劳动力就业等带来低技能劳动力收入的提高。在创新发展的实际过程中，影响劳动力收入变化的这些要素并非同时发生作用。因此，区域创新与收入差距之间可能并不是其他研究所认为的线性关系，两者的关系还需要进一步的实证研究，这是本书的另一个重点和难点。

1.4.2 可能创新之处

本书的可能创新之处包括以下三个方面：

（1）发现区域创新与收入差距之间存在非线性关系，经济发展水平对两者关系存在门槛效应。已有研究对发展中国家的区域创新与收入差距之间关系的关注较少，且所得结论大多是两者之间存在正向或负向关系，即区域创新会扩大或缩小收入差距，结论并未达成统一。中国收入分配矛盾由来已久，且当前又处于大力发展创新的阶段，创新与收入差距两者之间的关系值得关注。本书从城市层面证明了创新与收入差距之间存在倒 U 形关系，即随着创新水平的提高，收入差距经历先扩大后缩小的变化。然后从个体层面证明区域创新与高技能劳动力收入呈正相关，与低技能劳动力收入存在 U 形关系。城市样本检验和微观个体分析的结果均证明了区域创新与收入差距之间存在非线性关系。同时，在测度创新与收入差距非线性关系的过程中，发现经济发展水平对两者之间的关系存在三重门槛效应，即在经济发展水平小于第一个门槛值的地区，创新对收入差距有正向促进作用；在经济发展水平介于第一个门槛值和第二个门槛值、第二个门槛值和第三个门槛值以及高于第三个门槛值的地区，创新与收入差距之间均属于负相关关系，并且其相关系数的绝对值在逐渐增加。

（2）发现高校研发资金投入对区域创新的积极影响存在滞后性。在对区域创新影响因素的研究中，高校作为人才培养基地和知识溢出的主要来源，与区域创新的关系一直是学界关注的热点。但目前已有研究大多对创新空间溢出效应的考虑不够，即使有研究控制了区域创新的空间依赖性，却在定义地区空间关系方面与实际情况出入较大。这些均会导致错误估计高校与区域创新的关系。本书采用空间计量经济模型中的空间滞后模型和空间误差模型分别扩展知识生产函数，从高校研发人员和研发资金投入两个方面考察高校对区域创新的影响，最终得出高校研发人员和研发资金投入均有利于区域创新发展，其中高校研发人员的积极影响表现在当期，高校研发资金的正向作用存在滞后。

（3）以城市为单元进行全国范围区域创新研究。受数据限制，已有全国范围的区域创新研究大多是以省域为单元。然而，中国地区之间差异较大，即使是同一省域内部的不同城市之间仍然存有较大差异。城市是创新的载体，又是国家和地区发展的重要引擎，与省域相比，以城市为单元研究区域创新问题更为合适。专利是创新过程的产物，代表了先进技术的产生，加之其统计较为完整，数据的可获取性较好，常常被用来表示创新水平。由于专利授权受人为因素影响较大，申请专利本身就代表了一定的盈利性和新颖性。相较于专利授权还需 2 ~ 3 年时间，申请专利更能反映当期的创新活动，因此本书选用专利申请数代表创新水平。为消除人口规模的影响，本书最终用每百万人均拥有专利申请量表示区域创新水平。为突破已有数据的限制和细化研究单元，笔者在国家知识产权局所提供的官方数据库中，借助网络爬虫技术收集中国自颁布实施《中华人民共和国专利法》并开始接受专利申请以来（1986 年）地级及以上城市的专利申请数据，最终以地级及以上城市为研究单元，对中国区域创新的时空演变及其对收入差距的影响进行了研究。

2 理论基础与研究进展

本章首先对书中所涉及的重要概念——创新、区域创新和收入差距进行了界定；其次从区域创新的时空演变、高校与区域创新关系以及区域创新对收入差距的影响三个方面对国内外相关理论和研究进展进行了回顾；最后对已有研究进行了总结并得出启示。

2.1 概念界定

2.1.1 创新与区域创新

创新最早是基于技术与经济相结合的角度提出的，用来分析技术创新对经济发展的促进作用。创新理论的奠基人约瑟夫·熊彼特（Joseph Alois Schumpeter）在其著作《经济发展理论》中第一次提出创新（Innovation）的概念。他认为，创新是新技术、新发明在商业中的首次应用，是建立一种新的生产函数，将新的生产要素和生产条件重新组合后引入生产系统中（约瑟夫·阿洛伊斯·熊彼特，1990）。其中，熊彼特所说的创新包括五种情况：①引进新产品或提高产品质量；②引进新技术，产生新的生产方法；③开辟新的市场；④控制原材料的新供应来源；⑤实现企业的重新组织。熊彼特的创新概念范围广泛，不仅包括技术创新，还包括产品创新、商业创新、市场创新和组织创新等（罗掌华和杨志江，2011；刘亮，2012）。

实际上，马克思的创新思想是熊彼特创新理论的重要来源，熊彼特创新理论是马克思创新思想的传承与深化（刘红玉和彭福扬，2013）。虽然马克思并没有直接对创新下过定义，但梳理其思想可以对创新概念有大致了解。马克思认为，创新是现实的人面对新的实际情况有目的地从事一种以前从未有过的创造性实践活动。将熊彼特创新理论与马克思的创新思想进行对比（见表 2－1）可以发现，虽然熊彼特受到马克思创新思想的影响，但两者在创新的本质、价值、目标以及标准等方面仍然存在较大区别（唐绍欣和李增刚，2001；汪澄清，2001）。

表 2－1　马克思的创新思想与熊彼特的创新理论对比

	马克思的创新思想	熊彼特的创新理论
创新的本质	现实的人有目的地进行创造性实践活动	企业家追求利润的经济行动
创新的基本形式	①科学创新（自然科学创新和人文社会科学创新）； ②技术创新（新产品、新技术、新工艺、新机器和新发明）； ③制度创新（所有制生产关系、社会根本制度等）； ④中观层面（法律制度、信贷制度等）； ⑤微观层面（新市场、新生产组织形式、新原料供应来源和新经营管理方式）	技术创新：新产品和新方法两方面 制度创新：新市场、新的原料来源和新的组织形式
创新的价值	正价值和负价值； 其中正价值包括经济、生态、社会和人文四个方面	肯定性价值：经济价值
创新的终极目标	人类得以全面自由地发展	经济价值
创新的最高标准	无产阶级与最广大人民群众的根本利益	经济价值
创新的价值选择	创新应有利于人类的全面自由发展，并为无产阶级和最广大人民群众谋利益	企业家获取经济利润

资料来源：刘红玉，彭福扬．创新理论的拓荒者［M］．北京：人民出版社，2013.

创新理论发展至今，其概念和形式也逐渐开始多元化。根据创新主体的不同，创新可以分为企业创新、区域创新和国家创新。企业创新指的是根据市场需求的发展趋势，企业为生产经营与市场需求相匹配的产品而充分利用并不断优化自身资源和社会资源，从企业经营和管理等层面进行的创造和革新（江旭和高山行，2010）。企业创新是企业管理的重要组成部分（高建等，2004；陈劲和陈钰芬，2006；张宗庆和郑江淮，2013；姜慧和曾群超，2014；谢延钊和郝寿义，2015）。区域创新指的是在一定区域范围内的整体创新内容，是评价一个地区经济发展动力和社会竞争力的重要指标之一，具体包括技术创新、组织创新、制度创新和知识创新等方面（王缉慈等，2001；吴玉鸣，2006a）。目前区域创新被认为是造成区域经济差异的主要原因（孙建等，2013；王成军等，2014）。目前学界关于区域创新的研究大多集中在技术创新、区域创新系统、创新能力、创新绩效的评价与比较等方面（付晓东，2001；顾江，2001；官建成和何颖，2005；中国科技发展战略研究小组，2005）。国家创新代表的是国家综合创新能力，是决定国家是否强大的关键因素（李文国和林木西，2010）。目前已有研究多从知识创造、创新资源、创新绩效、企业创新和创新评价五个方面构建国家创新指数指标体系，形成国家创新能力的评价估算系统（杨东占，2014）。

本书以区域创新为研究对象，关注的是技术创新能力，具体指的是市域技术创新水平，用每百万人均拥有专利申请数表示。

2.1.2 收入差距

收入分配问题一直以来都是经济学关注的热点问题。反映收入不均程度最常用的指标是基尼系数。基尼系数最早由意大利经济学家基尼提出，是用来反映国家贫富差距状况的指标。基尼系数与收入差距的关系是，基尼系数低于0.2表示收入高度平均；取值在0.2~0.3表示比较平均；取值在0.3~0.4表示相对合理；取值在0.4~0.5表示收入差距较大；取值在0.6以上表示收入差距悬殊。国际上通常将基尼系数为0.4作为贫富差距的警戒线。根据北京大学中国社会科学调查中心发布的《中国民生发展报告2015》，中国居民收入的基尼系数已经从20世纪80年代初期的0.3左右上升到现在的0.45以上（李建新，2015）。世界银行（World Bank）的数据也表示，从2000年开始中国的基尼系数就已越过0.4的警戒线，并出现逐年上升的趋势。中国的收入分配矛盾越发凸显。

中国收入差距的影响因素较多，主要分为以下六个方面：①资源禀赋的不同。我国国土面积辽阔，各个地区在自然资源、地理位置和交通条件等方面存在较大差异，其中东部地区的资源禀赋明显超过中部和西部地区。②政策原因。改革开放以来，中国实施的一些宏观政策是造成居民收入差距扩大的原因之一，其中包括明显偏向城市的金融政策、城市化政策等。③制度缺陷。一方面，非法经营者通过偷税漏税、走私贩私、制假售假等行为获得暴利；另一方面，贪污受贿、权钱交易等严重的腐败现象层出不穷。④社会保障乏力。目前我国社会保障的覆盖面相对较窄，这种不均等性也是造成收入差距扩大的原因。⑤教育机会不均等。我国目前在教育方面的投资仍然不够，尤其是对西部地区和农村地区，这必然会进一步扩大地区及城乡之间的收入差距，形成一种恶性循环（任晓莉，2004）。⑥居民自身原因。居民各自的体质、智力以及所处的经济环境、社会环境、生活条件等都会造成居民之间拥有不同的劳动能力（王培暄，2013）。

根据内容的不同，收入差距可以分为城乡收入差距、地区间收入差距、行业收入差距、农村居民内部收入差距和城市居民内部收入差距。在中国，城乡收入差距扩大是导致全国收入差距扩大的最主要因素，能够解释整体收入差距变化的74%，是收入差距的重要组成部分（周云波，2010）。

虽然在经济发展过程中，居民收入差距的合理扩大是必然结果，然而值得注意的是，居民收入差距的过分扩大会引发一系列社会风险问题。具体表现为：①劳动力供给不足。对于低收入居民，由于收入过低无法满足他们的预期，这部分居民不愿意劳动，只靠政府救济甚至盗窃和抢劫等各种非法手段解决生存问题，劳动力资源不能得到充分利用。对于高收入居民，由于拥有足够的收入来源甚至非劳动力收入来源，这些居民会增加其闲暇时间，劳动供给出现明显下降。②社会有效需求不足。高收入阶层的边际消费倾向低，对消费品的需求已经达到饱和，这部分人群经常面临拥有金钱却无从消费的困境。低收入阶层的边际消费倾向虽然高，但受到收入水平的限制，想增加消费却没有实力。收入分配矛盾较大将导致消费需求的断层，最终造成整个社会的有效需求不足。③破坏经济社会的全面协调可持续发展。一方面，收入差距过大不仅不利于生产效率的提高，还会导致劳动力和企业经营者工作积极性下降，从而直接损害我国经济社会的全面协调发展。另一方面，收入差距的过分扩大会导致对农业基础设施的投入和维护不足，农民收入增长缓慢、负债加重，农业发展更加依赖于中央与各级地方政府支持，产生恶性循环，同样也不利于我国经济和社会的可持续发展。④影响社会的安定与团结。收入分配不均等会使社会中一部分人群心理失衡，产生仇富心理或要求社会财富重新分配，影响社会安定与团结。同时，由垄断和腐败造成的收入差距扩大现象也会对收入较低人群产生刺激，如某些垄断企业职工的月薪是其他企业职工的几倍。此外，收入差距扩大增加了贫困人口数量，这部分人群的无序流动对社会稳定造成了潜在威胁，同时随着农村强壮劳动力向城市聚集，农业生产只能由老弱病残完成，使原本收益不高的农业生产遭受进一步打击，激化社会矛盾。⑤对社会价值观产生负面影响。在现实生活中，部分人因为生产假冒伪劣产品、贪污受贿和偷税漏税等不正当行为而获得了大量利润。这些由不法手段导致收入差距扩大的现象如果没有得到有效遏制，将会导致违法致富的行为更加猖獗。同时，其他居民会认为通过非法活动获取利润并非不可为，从而对社会风气产生不良影响，严重影响社会价值观。

中国收入分配矛盾明显，如果继续加剧将会严重影响社会稳定。在当前国家大力发展创新的背景下，创新是否会对收入差距产生影响？有必要对两者之间的关系进行深入研究。本书基于城市和个体两个层面对区域创新影响收入差距进行了研究。在城市样本检验中，由于受数据限制，本书参考已有文献（Wei 和 Wu，2001；江海潮和张彬，2008；雷欣等，2014；刘清春等，2016）的做法，使用城乡收入差距表示区域收入差距，分析区域创新对收入差距的影响。在微观个体分析中，根据个体受教育程度和所从事职业类型将劳动力分为高技能劳动力和低技能劳动力，探究区域创新如何影响这两种劳动力的收入从而造成收入差距变化，揭示区域创新影响收入差距变化的内在原因，也从技能溢价角度为城市样本研究提供微观证据。

2.2 区域创新的时空演变

区域创新时空演变研究所涉及的理论主要有新增长理论和技术差距理论，接下来将首先介绍这两种理论的基本内容，然后再对国内外研究进展进行分析。

2.2.1 相关理论

（1）新增长理论。随着知识在现代经济中的地位越来越重要，许多国家纷纷从工业化社会开始向后工业化知识社会转变。经济中的有形投资向高技术商品和服务集中，同时在研发、教育和培训等方面的无形投资越来越多，经济发展日益以知识为基础。经济在现实社会中的这种变化对经济理论提出了新的要求。一些经济学家开始修正传统的生产函数，把知识纳入其中，证明知识对经济增长的影响，最终导致新增长理论的产生（朱勇，1999）。

新增长理论（亦称内生增长理论）产生于20世纪80年代中期。新增长理论虽然被称为一种理论，却不像新古典增长理论因为有基本理论模型而被大多数经济学家认可。新增长理论是由一些持有类似或相同观点的经济学家所提出的诸多增长模型组合起来的集合体。这些构成新增长理论的诸多增长模型之间包含共性，同时又存在着一些差别。具体来说，其共性主要包括以下七点：①经济增长是系统内部因素作用的结果，而不是外部力量的推动，经济可以实现均衡增长；②经济增长的决定性因素是技术进步，且这种技术进步是内生的；③技术、知识以及人力资本具有溢出效应，这种溢出效应是经济实现可持续增长的必要条件；④国家之间的贸易和知识流动对促进一国的经济增长有重要作用；⑤假设不存在政府影响，经济均衡增长速度一般低于社会最优增长速度；⑥税收政策、贸易政策和产业政策等对经济的长期增长有重要作用，政府对研发活动的支出比重越大越利于经济增长；⑦增长模型普遍使用的方法是动态一般均衡分析法。

根据模型基本假设的不同，这些新增长模型可以分为三类：第一类是基于收入递增和外部性的假设考察经济增长，这部分的代表模型是罗默（1986）的知识溢出模型和卢卡斯（1988）的人力资本溢出模型等；第二类是在完全竞争的假设下考察经济增长，强调的是包括人力资本和物质资本在内的资本积累而非技术进步，这部分的代表模型是琼斯-真野惠里模型（1990）和雷贝洛模型（1990）等；第三类是分析国家在开放经济条件下的经济增长，描述了各种类型的技术进步及其对经济增长的影响。这些模型的提出，标志着新增长理论进入了一个新的发展阶段。

（2）技术差距理论。技术差距理论（又称技术差距模型）早期是用来解释国际贸易的发生以及比较优势得以持续的原因。由于该模型考虑时间因素，又被看作是对赫克歇尔－俄林理论（H－O 理论）的扩展。技术差距理论认为，除资本和劳动以外，技术是第三种因素，且这种因素是相对独立的。不同国家之间存在的技术差距造成那些技术领先的国家在出口技术密集型产品方面具有明显的比较优势，并且在将来的一段时间内会对这类产品的出口进行垄断。而由于技术外溢作用的存在，先进的技术将逐渐被进口国所模仿和掌握，最终开始自行生产产品，从而减少对该产品的依赖和进口。这时国家之间的技术差距开始收敛直到比较优势消失，最终以技术差距为基础的国际贸易也会随之消失（余昌龙，2013）。

最早对技术差距理论进行系统研究的学者是波斯纳（1961），他将模仿时滞的概念纳入技术差距理论，认为从产品创新到被其他国家模仿生产之间存在模仿时滞。第一类是需求时滞，即当新产品出口到他国后，消费者因一时之间无法接受新产品而没能弃用老产品所需要的时间差；第二类是反应时滞，新产品出口到他国后，消费者逐渐了解新产品而慢慢弃用老产品，对新产品的需求出现增加，导致老产品的厂商开始意识到不能再按照旧的生产方式进行生产，需要进行生产调整，而这种调整也需要一段时间；第三类是掌握时滞，即被出口的国家——模仿国开始学习和模仿先进技术，直至与先进国家的技术水平相当所需的时间。

哈夫鲍尔（1966）利用模仿时滞，解释了合成材料产业的贸易模式。他认为，模仿时滞短的国家引进新合成材料技术后，开始生产新产品并向模仿时滞长的国家出口。伴随着技术逐渐向模仿时滞长的国家溢出，后者也开始生产这种合成材料，并逐步取代这种材料的早期出口国。

技术差距模型虽然解释了技术密集型产品的贸易周期，但并未解释在贸易周期中技术差距的规模、大小以及差距消失的原因。弗农（1966）对技术差距模型进行了扩展并解决了这一问题。他认为，在新产品的创新和开发期，发达国家拥有足够的研发资金，因此经常在技术上具有比较优势。随着贸易进行至新产品能够在他国大量生产时，两国在该产品上的技术差距逐渐消失，比较优势开始从技术的先进程度转移到劳动力成本的高低。同时，由于技术落后国在劳动力成本方面拥有比较优势，于是开始大量生产新产品。

随着技术差距理论的发展，国家之间这些先进技术引进、模仿和溢出等过程同样也适用于地区之间。经济发展水平较高地区的研发资金投入也较多，能够对高技术人才产生较强的吸引力，这部分人群的集聚最终促进地区创新水平提高。在地理邻近和人才流动等因素的作用下，这些创新水平高的地区的先进技术开始向其他创新水平低的地区输出。当创新落后地区开始学习和模仿这些先进技术，最终也能利用先进技术进行生产活动后，地区间的创新水平差距开始慢慢缩小，并在一定程度上出现随时间收敛的趋势。

自进入知识经济时代以来，各个国家和地区开始逐渐意识到创新对经济增长的促进作用，纷纷将提高创新水平作为发展要务之一。但由于不同国家和地区之间在经济基础、产业结构和资源禀赋等方面存在不同，创新水平在空间上出现明显差异，并且随着时间推移，这种差异会出现一定程度的变化。归纳总结已有文献，发现对区域创新时空演变的研究主要分为区域创新随时间变化、多尺度下区域创新空间差异以及区域产业创新的空间差异三个方面。

2.2.2 区域创新随时间变化研究

（1）国外研究进展。区域创新随时间变化的特征也是学界关注的热点之一，已有研究大多以美国和欧洲地区为研究范围，分析这些国家和地区的创新水平随时间发展的趋势。Jungmittag（2006）基于1967～1998年美国专利和商标局所授予的专利数据，分析15个欧盟国家的创新能力发展是否随时间出现趋同或分异趋势，在使用时间序列和面板数据进行研究后，发现大多数国家的创新发展并没有发生绝对收敛，而其他小部分国家的创新发展出现条件收敛。结合欧洲统计局第四次和第五次社区创新调查数据，Amaia（2010）使用多因素分析方法对2002～2006年欧洲国家的创新水平随时间变化的趋势进行了分析，结果表明当考虑了创新型和非创新型的制造业公司时，区域创新存在缓和的收敛趋势，而当只考虑创新型制造业公司时，并没有发现创新存在收敛趋势。Altuzarra（2016）基于1990～2010年21个欧盟国家的数据，研究这些国家的研发支出是否出现趋同，结果表明这些国家的研发强度均存在一定程度的趋同，但收敛的速度因国家而异，对于大多数国家而言，政府研发支出的收敛速度高于高等教育机构和企业，其中收敛速度受产业结构、文化背景、宏观经济条件和国际化差异等影响。

（2）国内研究进展。国内亦有研究关注区域创新随时间变化的特征，然而并没有达成统一结论。牛欣和陈向东（2011）通过对比中国和欧洲区域创新的收敛趋势，发现在2000～2006年欧洲高创新水平集聚地区并不存在创新水平收敛现象，而低创新水平聚集地区存在显著的俱乐部收敛现象，相反，中国高创新水平集聚区的收敛速度明显高于低创新水平区域，存在显著的俱乐部收敛现象。周迪和张虎（2015）则认为中国创新水平整体趋同态势明显，高水平和低水平创新俱乐部均存在明显的趋同特征（肖刚等，2016a），并且在2000～2008年最为显著（潘雄锋和史晓辉，2012）。

除认为中国区域创新呈现俱乐部收敛外，孙建（2011）基于1998～2008年省级专利数据对中国区域创新的收敛性进行分析，认为中国区域创新存在绝对收敛和条件收敛共存的特征。而魏守华等（2011）运用σ收敛和β收敛分析我国区域创新随时间演变的趋势，结果表明尽管在东部和中部地区表现出收敛性，区域创新在全国范围则表现出发散性。

2.2.3 多尺度下区域创新空间差异

（1）国外研究进展。一些国外学者进行了跨国（或地区）创新的对比研究，如Chuang等（2010）通过对历史案例进行分析，对比了中国大陆、日本和中国台湾地区的创新发展，发现中国台湾地区的创新水平位于中国大陆和日本之间，尽管中国大陆在教育发展和科学领域的成果数量较多，但产出的质量还需改进，中国台湾在发展创新方面的经验能够对中国大陆有所借鉴；Crescenzi等（2012）分析对比了中国和印度的创新能力，发现两个国家均出现了日益强烈的两极分化，但这两个国家出现这一情况的原因完全不同，中国创新出现较大的地区差异与人口、产业专业化和基础设施等相关，而印度则与当地的社会经济结构和科学技术投资有关。

还有一些文献在美国（Lim，2003）、德国（Fritsch和Franke，2004）和欧洲（Sleuwaegen和Boiardi，2014；Siller等，2016）等国家和地区展开了对区域创新差异的研究。如Paci和Usai（2000）对欧洲109个地区创新的空间分布进行了分析，发现尽管从20世纪80年代开始出现下降的趋势，但欧洲的区域创新仍然属于高度集中分布；Buzard 和 Carlino（2009）发现美国大多数私人研发活动都集中在美国东北走廊、大湖区、加利福尼亚湾区和加利福尼亚南部等地区，正是这种研发活动在空间的高度集中促进了企业之间的交流，从而有助于新商品和新方法的产生；Ozgen 等（2011）基于 1991～1995 年和 2001～2005 年两个时期对比分析欧洲 NUTS－2 共 170 个地区的创新数据，发现区域创新的空间分布存在明显的地理集中性，因此认为在进行影响因素的分析中应当考虑区域创新的空间依赖性；Broekel（2013）对德国 270 个地区创新水平的空间分布进行分析，得出区域创新在一定程度上存在空间集聚的结论，同时文中莫兰值检验也支持了这一观点。

亦有文献从城市尺度进行了区域创新差异的研究（安娜和戴宏伟，2016），如 Li 和 Fu（2015）基于 2001～2013 年广东省 21 个城市的创新产出数据，使用全局自相关和局部自相关方法研究区域创新的空间差异，发现广东省创新热点地区主要位于粤东地区，具体是广州和深圳两地。

此外，还有研究分析对比创新活动在不同尺度地区的集聚情况，如 Carlino 等（2010）在研究美国东北走廊地区 1000 多个研发实验室的分布后发现，在以 0.25 英里为半径的小空间范围内，研发活动的集聚程度较高，并且这种集聚程度会随着地理距离的扩大而迅速衰减，但在以 40 英里为半径的空间范围内会再次出现集聚。创新活动在不同空间范围内的集聚说明可能存在两种不同形式的溢出效应，在小范围内的集聚与知识溢出的本地化程度较高相关，而在大范围内的集聚规模与本地劳动力市场规模一致。Peilei 等（2012）分析了 1995～2006 年中国地区间和地区内部创新水平差异的变化情况，发现东部地区、中部地区和西部地区之间创新水平的差距在逐渐增加，而省域间的创新差距呈现出先缩小后扩大的“V”形变化。

（2）国内研究进展。基于不同研究单元，国内学者对区域创新的空间差异展开了多尺度研究，获得了较为丰富的研究成果。跨国尺度的研究方面，王静文（2003）对比分析了美国和日本创新发展模式的不同，认为在基础科学研究、政府职能和企业侧重点三个方面对中国发展创新有启示作用；牛欣和陈向东（2011）分析对比我国与欧洲创新空间发展的异同点，认为区域协调发展政策对我国创新发展具有一定的作用，但同时也指出区域创新发展过程中仍然存在一些问题；徐光耀和杨超（2014）通过对比世界知识产权组织年度报告《全球创新指数2013》和中国科学技术发展战略研究院出版的《国家创新指数2013》，解释两种测评的差异及各自特点，最终对中国创新能力培育提出政策建议；李凡和李娜（2015）基于金砖国家的面板数据，分析比较金砖国家创新水平的影响因素并提出我国可以通过与金砖国家合作达到促进创新发展的目的。

全国范围内区域创新差异研究大多以省域为研究单元（徐永智和衣保中，2017），而绝大多数文献证明中国省域创新存在明显区域差异（王德青等，2014；张鹏和于伟，2015；侯纯光等，2016）。潘雄锋（2010）对区域创新重心的时空偏离进行了可视化分析，发现区域创新重心在向南偏东方向移动。李恒等（2016）认为发生这样的偏离主要与不同区域内的经济结构与增长方式、科技资源的空间集聚、科技创新环境有关。东部地区的创新水平明显高于中西部地区（史修松等，2009），其中创新高水平地区主要位于长三角和珠三角地区（曾浩，2016）。创新的区域差异仍在继续扩大（桂黄宝，2013；张鹏和于伟，2015；谭俊涛等，2016；肖刚等，2016a），程叶青等（2014）甚至认为中国省域创新发展已经陷入“马太效应”。然而王春扬和许浩楠（2016）认为区域创新差异存在先减小后增大再减小的“S”形变化特征。其中，东部地区创新的内部差异占主导地位（曹勇和秦以旭，2012），区域差异从东向西逐渐缩小（王春杨和许浩楠，2016）。此外，区域创新的空间分布特征也成为学界的研究热点，如郭嘉仪和张庆霖（2012）、李国平和王春扬（2012）、蒋天颖（2013）、王春扬和张超（2013）、朱辉（2015）基于不同的研究方法，均得出我国区域创新水平有较强的空间相关性，呈现显著地理集聚特征的结论。

全国范围内以市域为研究单元的相关实证研究较少，主要相关文献包括：代明和张晓鹏（2011）选取我国17个国家级创新试点城市，使用数据包络分析方法测度了每个城市的创新绩效并进行对比分析，最后针对研究结果提出城市发展创新的建议；王春扬和张超（2014）基于中国341个地级层面区域，对1997～2009年区域创新的时空特征进行了分析，发现东部沿海地区存在高高集群和西部内陆地区存在低低集群，高低集群和低高集群主要分布在中部地区和东中西邻接地区，总体上创新有明显的空间过渡特征；王崇峰等（2014）基于专利质量视角，考察若干东部典型城市与中西部典型城市的创新水平，尽管暂未发现东部和西部地区的城市在专利质量上存在较大差异，但中部和西部地区城市的专利续存期明显低于东部城市；王俊松等（2017）从发明授权、实用新型和外观设计三个方面使用统计方法分析2003～2013年中国城市创新的空间分布特征，发现三种专利均呈现以中心城市为核心向外扩展的趋势，并且在近年出现较明显的创新扩散趋势。

除全国范围的城市创新差异研究外，还有文献对省域或地区内部城市创新的空间差异进行了分析，如梁洁鸣（2010）对广东各地级市的区域创新进行ESDA分析，发现市域创新活动不仅存在空间自相关现象，还存在明显的空间差异以及知识溢出作用；宋映铉和李顺成（2016）对中部地区84个城市创新水平的时空变化趋势和特征进行了分析，发现创新水平存在明显上升趋势，同时城市之间创新水平上的差异在缩小；肖刚等（2016b）分析了长江中游城市群城市创新差异的时空格局演变，发现创新差异呈现由高度集中向渐进式分散、由中心向外围扩散的演变趋势。

亦有学者将研究单元继续细化至县域，如张友志和顾红春（2013）对江苏省县域创新空间关联和时空演变进行ESDA分析，发现创新产出有显著空间正向自相关的特征，空间邻近效应对创新发展有积极影响并且这种作用会随着时间的推移而不断增强；雷亮等（2015）以浙江省71个县域为研究单元，发现县域单元区域创新的空间相关性强于省域，尽管与省域相比，县域创新水平的基尼系数有所下降，但其不均衡程度仍然很高；张建伟等（2016）对长江经济带853个县域创新产出的时空特征进行分析，发现县域创新产出之间绝对差异的增长速度有先减小后增加的特点，而空间分布呈现分散、集中和相对集中扩散的态势。

此外，还有文献以长江经济带为研究范围（丁军等，2016），比较城市群、省域和市域等不同尺度区域创新的分布差异，认为区域创新的空间差异会随着研究范围的扩大而增加，即城市群范围内区域创新水平的空间差异程度高于省域范围，市域范围内区域创新水平的空间差异程度在三者中最低。

2.2.4 区域产业创新的空间差异

（1）国外研究进展。部分学者基于不同产业角度对区域创新的空间差异进行了研究。Rondé 和 Hussler（2005）将创新概念化为集体学习的进化和社会过程，结合知识生产函数对法国制造业创新的空间分布进行了分析，发现法国的创新发展更偏向区域化而非产业化，其中对创新发展来说，建立外部互动比开发内部创造能力更重要，且无意识的知识流动对区域创新的影响不如有目的的知识流动。Guan 和 Chen（2010）认为，制定政策需先对创新的过程进行充分的分析和掌握，因此作者建立了一个新的框架对区域创新进行系统和同步的测量，并应用于中国高技术产业区域差异的实例分析中，为中国高技术产业创新发展提供政策建议。基于 2003～2009 年欧盟地区 213 个地区在 ICT 行业的专利数据，Hazir 等（2014）使用空间杜宾模型分析空间邻近和网络邻近对区域创新的影响，发现 ICT 行业之间的邻近性和地理距离的远近是理解区域创新空间依赖的关键。

（2）国内研究进展。高技术产业作为知识密集型和技术密集型产业，是科技创新的主要来源。学界对其创新空间差异的关注较多，如桂黄宝（2013）发现我国高技术产业创新能力存在明显的地区差距，并且这种空间差异程度还在逐渐扩大；郭泉恩和孙斌栋（2016）对高技术产业创新空间分布的研究支持了高技术产业创新存在明显地区差异的结论，但认为这种空间差异并非一直扩大，而是呈现先扩大后缩小的趋势。

除高技术产业外，还有对其他产业创新区域差异的研究。如宋慧林和马运来（2010）使用专利统计数据分析旅游业技术创新水平的空间分布特征，发现无论使用何种评价方法，东部地区的创新水平均高于中部和西部地区；张军涛和黎洁岑（2014）以移动互联网产业为例，构建城市创新水平的评价指标体系，基于多指标框架使用主成分分析方法对比北京、深圳、杭州、广州、重庆和成都六个城市的创新能力；毕斗斗等（2015）使用 ESDA 方法对我国省域服务业创新水平的空间差异进行了研究，得出服务业创新整体水平较低、地区差距较大，且总体呈现从东向西逐步递减的结论。此外，还有学者对医药制造业（刘秉镰等，2013）、装备制造业（王福君和宋玉祥，2008；崔万田等，2009）等产业创新发展进行了研究。

2.3 高校与区域创新关系

高校与区域创新关系的研究主要涉及的理论有技术空间扩散理论和知识溢出理论，接下来将先对这两个理论的基本内容进行介绍，然后分析高校与区域创新两者关系的国内外研究进展。

2.3.1 相关理论

（1）技术空间扩散理论。技术扩散理论是一种普遍的社会现象。最早技术扩散理论主要关注的是技术随时间的扩散，如 Bass（1969）提出的创新扩散“瘟疫学”模型，以及在此基础上扩展的 Manfield 模型和 Floyd 模型等。这一阶段主要关注的是技术随时间扩散的速度，而对技术在空间上的扩散关注较少。但不得不承认技术随时间扩散的相关研究为技术空间扩散提供了基础，如技术时间扩散研究为扩散的动力机制提供了翔实的理论和实证研究，提出了产业结构对技术扩散的影响效果，指出了学习是技术扩散的决定性因素以及技术信息流会限制技术扩散的速度等。

随着技术的发展，技术空间扩散成为继时间扩散后的重要研究视角。Hagerstrand 在 1953 年出版的“*Spatial Diffusion as an Innovation Process*”是空间扩散理论的基础。作者提出，在技术扩散的过程中，最重要的是信息的有效流动，同时提出对技术的使用就是学习和交流的结果。他认为技术空间扩散存在三个阶段：首先是在创新中心的周围进行扩散，其次由中心向周边地区发散，最后创新来源地达到饱和。技术扩散描述的是由高等级城市向低等级城市扩散的过程。随后，著名区域经济学家 Richardson 将技术空间扩散模式分为两类，即向四周放射状扩散的波浪式空间扩散模式和由高等级向低等级扩散的等级扩散模式。波浪式空间扩散模式的代表者有 Morrill（1968）、Beckmann（1970）和 Moseley（1974），等级扩散模式的代表者是 Pedersen（1970）。此外，还有学者将空间扩散模式进一步划分为其他模式，如传染扩散、物理扩散和等级扩散。传染扩散指的是创新信息被接收后依靠人与人之间的接触进行传播（Hagerstrand，1952）；物理扩散指的是技术扩散的模式与热扩散模式相似，呈泊松分布出现（Beckmann，1970）；等级扩散则是指按照城市等级由高等级向低等级扩散。

对技术空间扩散机制的分析大体可以分为两大视角：一种是根据扩散的渠道或途径不同，称为途径论；另一种是根据不同影响因素对技术扩散的作用，称为因素论（周密，2010）。途径论主要研究的是国际技术扩散，认为技术通过外商直接投资、国际贸易、国外专利申请和引用等途径进行扩散。其中，外商直接投资对技术扩散的机制主要是通过技术溢出效应实现，而技术溢出效应主要依赖于对先进技术的直接学习过程，以及跨国公司与其子公司的联系效应等。专利申请和引用对技术扩散的机制主要体现在一国接受他国专利申请则表明该国对此技术有一定兴趣。接受申请国可以通过研究其专利申请文件收集到重要的专利信息。同时专利被引用的次数越多，说明专利的质量越高。专利对技术扩散的促进作用远远大于货物的运输。因素论是在对技术扩散影响因素的检验过程中发展而来的，其主要代表人物是 Siebert。知识具有半流动性，并且会在某些地区出现集聚，同时专利制度会限制知识的流动。除此之外，传播距离、专利体系、企业规模等均会对知识的扩散产生影响（Siebert，1969）。Jaffe（1988）在 Griliches（1979a）的基础上对知识生产函数进行了修改，研究了知识溢出的尺度和效应。此外，Brown 和 Lentnek（1973）经过一系列实证研究后提出，在技术创新的扩散过程中，基础设施等市场条件比信息交流更为重要。

（2）知识溢出理论。马歇尔于 1890 年在《经济学原理》中第一次提出溢出的概念，随后 Griliches（1979b）将知识溢出定义为从相似的工作或研究中获得的最大收益。知识溢出可以分为三类，包括 MAR 知识溢出、Jacobs 知识溢出和 Porter 知识溢出。其中，MAR 知识溢出指的是同一产业内部企业之间的知识溢出，认为垄断型的市场结构是促进创新的主要原因；Jacobs 知识溢出指的是不同产业间的知识溢出，认为多样化和竞争环境是创新水平提高的有效手段；Porter 知识溢出认为持续创新得益于专业化和高度竞争的环境。MAR 知识溢出和 Porter 知识溢出均表示的是产业内部的知识溢出，Jacobs 知识溢出则是指发生在产业间的知识溢出（王立平，2006）。

知识的非竞争性与部分排他性为知识溢出创造了条件。其中，知识溢出的影响因素主要包括技术差距、认知距离、吸收能力、地理距离以及溢出方的控制意愿与能力五个方面（见图2－1）。

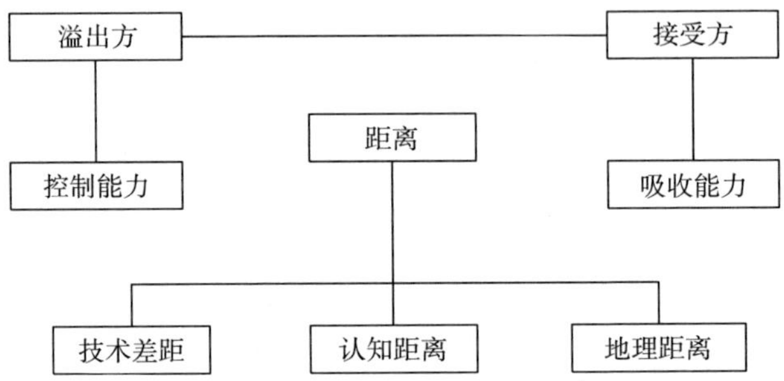

图2－1　知识溢出的影响因素

资料来源：宁军明．知识溢出与区域经济增长［M］．北京：经济科学出版社，2008.

第一，技术差距是知识溢出产生的必要条件，只有两个主体之间的技术水平存在一定差距才会产生溢出，知识溢出的效果与主体间技术差距可能存在非线性关系。在知识溢出的初级阶段，溢出效果随着技术差距的增加而增加，当差距达到一定水平后，知识溢出的效果逐渐缩小。原因是当主体间差距达到门槛值后，接受对象无法根据现有的知识和条件很好地吸收先进技术，导致溢出效果与技术差异成反比。

第二，与技术差距相似，当主体间存在较大认知距离时，对新知识和先进技术的理解虽然有限，但能够获得更多的有效知识。反之，当认知距离较小时，主体对新知识和先进技术的理解能力较强，但能够获得的新知识却有限。因此，适宜的认知距离能够促进学习效率，让知识溢出达到最高水平。

第三，吸收能力是主体将溢出的知识变为己用的决定性因素。吸收能力强的主体能够更好地理解新知识，通过其他主体的先进知识和技术推动自身创新发展，而吸收能力较差的主体则在知识溢出的使用效率和转移能力方面相对落后。同时，吸收能力强的主体，能更有效地吸收和使用外部溢出的知识。人力资本、学习能力、研发投入、前期知识基础这些都是吸收能力的影响因素。

第四，在知识的扩散和溢出中，地理距离是非常重要的因素。即使新古典经济学认为空间在知识溢出中并不起作用，但实际上，现代信息技术的发展只是降低了编码知识的传播成本，加快了其传播的速度，却对缄默知识的影响不大。由于很多知识难以编码，具有缄默的特点，需要通过面对面交流等方式才能够传递，这些就决定了知识溢出具有地理衰减和地方化特征。

第五，以上四个因素对知识溢出的影响均是建立在知识充分溢出的基础上，但是当知识溢出会影响溢出主体在市场上的竞争地位和利润等时，溢出主体往往会采取一些措施来控制知识溢出。一般常见的方法有申请知识产权保护，控制核心技术和提高对技术人员的待遇以留住重要人员等。不同主体对知识溢出的控制意愿和能力不同，如大学、研究机构等对知识溢出的控制意愿较弱，而企业对知识溢出的控制意愿则相当强。因此，当溢出主体让知识充分溢出时，知识溢出的效果较为明显，反之，当溢出主体对知识溢出加以控制时，知识溢出的效果则大大减少（宁军明，2008）。

知识溢出途径主要分为资本流动、人员流动、产品信息和创新网络。外商资本进入本地后，通过与本地供货商联系、外企员工跳槽以及加大行业竞争压力等产生知识溢出。知识分为显性知识和隐性知识，其中显性知识可以通过教育、培训、货物和协议等方式进行交流，而隐性知识的扩散和交流只能通过个人来进行交流。企业员工通过跳槽等方式流动，彼此学习和知识共享。新产品生产出来后，其自带的知识和技术就公之于众，技术差距不大的企业就会学习并作进一步改进，原企业为保持竞争优势也会加快研发速度，因此促进了整体创新水平提高。知识溢出网络开始在创新网络的基础上形成。其中，正式的网络溢出包括合作创新、专利转让、文献调查、企业衍生、互联网和人才流动等，非正式的网络溢出包括商业刺探、产品流动和非正式交流等。

知识溢出机制可以分为三种类型：劳动力流动、企业家精神、高校和科研机构（高雅群，2014）。可编码的知识可以通过纸质、电子媒介进行传播，而不可编码的知识只能通过人与人面对面交流进行传播，两者均是促进创新的重要因素。其中，不可编码知识也称为隐性知识，比如个人的技能和经验等，主要通过劳动力的流动和跳槽产生溢出。企业家对市场有敏锐的洞察力，能够把新的知识投入市场获得利润最大化。一方面，企业家通过创办新公司实现新知识和新资源的市场化，促进创新活动产出；另一方面，企业家强调个人发现和利用知识能力的差异是知识溢出的另一根源。知识的重要来源是高校和科研机构，产学研结合是高校和科研机构促进区域创新水平的重要渠道之一，其中主要的机制就是知识溢出。高校周边往往会诞生创新高水平地区，新企业也愿意聚集在高校周围。同时，受个人感情倾向的影响，毕业的大学生也大多选择高校周边作为创业地点。

目前，学界关于高校与区域创新关系的研究主要分为三个部分：高校对区域创新的影响、高校与区域产业创新以及产学研合作与区域创新。

2.3.2 高校对区域创新的影响

（1）国外研究进展。早期 Jaffe（1989）基于州际数据分析了大学研究对创新的影响，研究发现高校研发对专利产出有积极作用，并且这种作用在医药技术、电子以及核技术等产业中更为明显，同时高校研究活动还会通过增加产业研发支出间接促进当地创新发展；Tomás 和 José（2005）基于 Griliches-Jaffe 知识生产函数，使用面板数据和计数模型分析高校研发与区域创新的关系，发现高校研发对区域创新具有显著的积极影响；Power 和 Malmberg（2008）回顾了地区繁荣与竞争、高校与研究机构的辩论，分析高校对区域创新的影响，最终得出高校能够促进区域创新水平的提高但其内部机制仍然不太明确的结论；Cowan 和 Zinovyeva（2013）以意大利 1985 ~ 2000 年新增高校为例，研究大学扩张是否会对当地创新产生影响，结果表明新增大学能够在五年时间内明显促进区域创新活动，平均而言，新增一所大学能够使区域创新的专利产出增加 7%，这说明新成立高校带来的高质量科学研究能够明显带动区域创新发展；Kim（2015）以亚利桑那大学和亚利桑那州立大学这两个重要研究型大学为例，研究其对亚利桑那州地区创新的影响，发现这两所大学对凤凰城大都市区的影响更为明显，它们的存在使产业更加多元化并具有高度吸引力，从而产生更多的创新活动。

（2）国内研究进展。国内关于高校影响区域创新的文献较多（乔颖等，2002；刘和东和施建军，2009），其中大多是以全国为研究范围。大部分研究认为高校对区域创新有正向促进作用，如孙希波（2009）在对区域创新体系建设的研究中提出，地方高校是区域技术进步的主力军，对区域创新发展发挥着重要作用；龚晓瑾（2010）从技术创新的经济属性角度，对比分析了高校与企业在区域创新中的定位，认为高校的优势主要存在于通用技术创新方面，企业的优势主要是在专用技术创新方面；吴玉鸣（2010）建立综合评价指标体系，分析了中国省域尺度下高校创新与区域创新水平的关系，结果表明高校创新与区域创新之间存在正相关关系，同时构建地域特色、发挥资源优势等有利于最大限度地提高高校对区域创新的贡献；傅利平等（2012）基于2003～2009中国省市高校统计数据，发现高校数量与区域创新之间存在正相关关系，但其增长速度与区域创新之间并不存在明显的相关关系；毛才盛（2012）通过数学建模方法，证明了高校对区域创新系统的支持力；方维慰（2013）证明高校对区域创新有明显的带动作用，建议高校应加大对研究型人才的培育力度，加强对外交流，为区域创新系统服务；张鹏和于伟（2013）使用随机前沿生产函数从多方面分析了2000～2010年高校对区域创新效率的影响，发现高校的质量、科研产出能力和研究生培养数量均与区域创新效率正相关，但没有观察到高校科研经费投入和科技合作对区域创新效率的影响；吕艳和赵彦云（2014）使用面板固定效应模型分析中国省域尺度高校对区域创新的贡献，结果发现高校会对区域创新产生多维影响，即高校可以通过创新主体、与企业和政府合作、培养人才等多方面提高区域创新水平。

然而，也有一些实证研究认为高校对区域创新的影响并不明朗，如吴玉鸣（2007）在对中国省域层面高校对区域创新能力的影响进行研究后发现，区域创新发展主要是受企业影响，并未发现高校对区域创新水平的提高有明显作用。

除全国范围外，亦有文献以省（市）域为研究范围分析高校对区域创新的影响。与基于全国范围的分析结果类似，高校影响区域创新的结论并不统一。一些文献支持高校促进区域创新发展这一结论，如刘润芳和杨建飞（2010）分析了1991～2008年陕西省区域创新能力的影响因素，认为高校和科研机构的科技投入对陕西区域创新水平提高有显著正向作用；张海滨和陈笃彬（2012）基于三螺旋理论，构建指标体系分析高校对东部7省市创新的贡献度，结果发现高校对区域创新发展有一定的支撑力；曾春媛等（2013）测度了高校研发对中关村科技园创新绩效的影响，得出高校研发活动对中关村存在为期一年的知识溢出效应，北京本地高校对中关村科技园创新存在正向促进效应，而外地高校的知识溢出作用对中关村科技园的创新存在挤出效应。

然而，还有一些文献认为高校对区域创新的作用并不明显甚至还存在负向影响，如李应博和何建坤（2006）认为，虽然高校已经成为创新的重要基地，但由于在对知识进行产业化方面的经验相对不足，高校只有通过大学科技园这样的中介组织才能实现与区域创新之间的联系和互动；以首都区域为例，吴玉鸣（2006b）使用局域空间计量方法进行分析，发现企业研发对首都地区创新有显著正向作用，而高校以及产学合作均没有对首都创新能力表现出应有的贡献；郭国峰等（2007）分析了中部六省地区创新的影响因素，发现高校对区域创新不但没有贡献，反而由于高校重理论轻应用，无法满足社会需求等原因限制了区域技术进步；王丽娟等（2009）以湖南及其周边省份为例，同样得出高校和科研机构对区域创新产生负向影响的结论。

2.3.3 高校与区域产业创新

（1）国外研究进展。国外关于高校对区域产业创新影响的研究较为丰富（Agrawal 和 Henderson，2002），如 King（2007）以生物技术和葡萄酒行业为例，研究大学（尤其是加利福尼亚大学）与企业和政府的合作对加州创新的影响；Kim 等（2005）以 1985～1997 年医药行业和半导体行业创新水平的平稳增长为背景，试图探讨这种现象的原因，结果发现高校的研究活动是这段时间产业创新发展的重要原因，同时聘用具有高校研究经验员工的公司更有可能引用高校的专利，从而能够更好地利用学术研究成果；与大多数高校影响产业创新的研究是以技术发展或工业研发为对象不同，Zukauskaite（2012）认为高校对文化产业创新的影响同样也是高校影响产业创新的重要内容，分析瑞典南部的斯堪尼亚新媒体公司与高校的合作模式以及创新过程，发现高校是知识交流网络中的重要参与者，其对文化产业创新的作用不仅体现在研发活动带来的知识溢出，还有联合能力建设、转变市场概念以及培养新的社会责任等作用；Freitas 等（2013）根据 24 个研究小组的调查数据，分析巴西高校与成熟产业和新兴产业的合作关系，发现与成熟产业相比，高校与新兴产业的创新项目更多是通过学术活动和公众对研究项目的呼吁产生，其中学生和公司雇员在高校与企业的合作关系中起到重要作用。

（2）国内研究进展。高技术产业是中国区域创新的主导产业，许多创新活动首先发生在高技术产业。因此，目前国内关于高校对区域产业创新影响的研究大多以高技术产业创新为研究对象。如王立平（2005）使用空间计量经济模型扩展知识生产函数，考察中国高等院校研发活动的知识溢出作用对区域高技术产业创新的影响，发现高等院校的研发活动对本区域高技术产业创新存在积极影响，同时地区间的高技术产业创新之间存在空间溢出；郭泉恩和孙斌栋（2016）基于2003～2012年中国省域面板数据，分析区域高技术产业创新的影响因素，认为高校研发水平对本地区高技术产业创新有促进作用，对相邻地区高技术产业创新发展的影响则不明显。

2.3.4 产学研合作与区域创新

（1）国外研究进展。高校除了通过研发活动直接影响区域创新外，还会通过与企业、政府和研究机构这几大创新主体之间的互动联系，对区域创新水平产生影响。国外这类研究较为丰富，大多认为产学研合作与区域创新之间存在正相关关系，如Motohashi（2005）以日本为例考察大学和企业合作对区域创新的影响，发现通过校企合作模式，规模较小的企业能够比规模较大的公司实现更高的生产力，从而减少国家创新体系对大公司内部研发的依赖程度，有利于提高整体的创新水平；Harryson等（2008）基于知识创新理论分别从欧洲地区和中国选取三个案例进行分析对比，发现无论是在欧洲地区还是中国，产业与高校之间的紧密合作均能有效支持创新活动的开展；Lööf和Broström（2008）基于计量经济学的理论和方法，以制造业和服务业公司为例探讨高校与企业合作对创新的影响，文章发现高校的这种合作模式有利于大型制造业公司的创新发展，但与服务业公司的创新销售或专利产出之间没有明显关联；Sohn等（2009）研究产学联系在区域创新体系中的作用，发现大学参与首都地区和非首都地区创新活动的方式存在差异，具体表现在，在首都地区，高校对当地产业来说只是知识提供者，公司的研发中心才是首都地区创新网络开发与管理的关键角色，而在非首都地区，高校是区域创新网络的主要力量，并且为当地公司提供可获取性较高的知识来源；Ponds等（2010）分析了大学和企业合作对区域创新的溢出效应，认为大学与企业的合作并不局限于地区规模，对区域创新的溢出效应在较大范围内仍然存在，而学术研究对区域创新的影响不仅受地理邻近度的影响，还受到来自合作网络的影响；Abramovsky（2011）从考察企业的研发实验室是否与高校邻近的角度分析产学合作对创新的影响，发现位于高校附近的企业更容易接收知识溢出，这种产学联系越紧密越有利于区域创新发展，同时企业对高校知识溢出的接收还与其产业类别有关，如制药公司将研发单位设置在化学研究部门附近，而化学品和车辆等企业研发单位的分布并没有明显规律；Ka（2012）在研究亚洲四小龙即中国香港、新加坡、中国台湾和韩国的国家（地区）创新体系时，发现高校与产业之间的相互作用能够有效促进创新，同时研究产学合作关系是分析国家（地区）创新体系的主体；Maietta（2015）使用多变量概率模型研究高校与企业研发合作对区域创新的影响，发现高校开设与产业发展联系紧密的课程是促进产学研合作的一种有效方式。

（2）国内研究进展。国内学者从产学研合作和官产学合作两个角度分析了高校对区域创新的影响。产学研合作是区域创新体系中的重要内容，加强产学研交流有利于创新发展（魏艳等，2004；李琳和吴越，2014）。对于不同创新模式的产业，不同创新主体之间的合作影响程度不同（魏守华等，2013）。具体来说，企业、高校和科研机构三大创新主体中企业与区域创新关系度最大，三者之间的平衡与共同发展对区域创新发展至关重要（李林和傅庆，2014）；蒋伏心等（2015）基于2003～2012年全国26个省域面板数据分析发现，产学研对区域创新绩效在短期内存在显著正向影响，但在长期内表现出不稳定和区域异质性。

基于三螺旋理论，政府、企业和大学三大机构在功能上存在一定程度的重叠，官产学合作创新模式主要以科技企业孵化器和官产学联盟为主（边伟军和罗公利，2009）。关于官产学合作有大量实证文章，如吴玉鸣（2009）采用知识生产函数进行估计，结果显示政府引导下的产学合作有利于区域创新产出增加；庄亚明等（2010）通过1995～2008年的区域数据分析官产学合作对区域创新的影响，实证分析表明政府与高校合作、企业与高校合作均对区域创新有促进作用，而政府与企业合作对区域创新的提高没有影响；王鹏和张剑波（2013）基于2001～2010年中国13个省市数据考察官产学合作对区域创新产出的影响，结果发现政府与高校的合作、政府与科研机构的合作以及企业与高校的合作均对区域创新有积极作用，而政府与企业的合作、企业与科研机构的合作对区域创新产出的影响不明显；白俊红和蒋伏心（2015）考察了官产学协同创新对区域创新的影响，得出官学合作、产学合作以及产研合作均对区域创新有显著正向影响的结论；高月姣和吴和成（2015b）分析创新主体及其交互作用对区域创新的影响，发现企业、高校、科研机构与政府的交互作用均对区域创新有积极作用，而企业与高校、科研机构的交互作用对区域创新的影响不显著。

2.4 区域创新对收入差距的影响

区域创新影响收入差距所涉及的理论主要有创新影响劳动力就业理论和创意阶层理论，接下来将首先对这两种理论的基本内容进行介绍，其次分析国内外相关研究进展。

2.4.1 相关理论

（1）创新影响劳动力就业理论。最早关注创新影响劳动力就业的是亚当·斯密，他认为随着生产性劳动的增加，劳动力的就业结构会发生变化。随后，经济学家对创新与劳动力就业之间的关系进行了研究，其中最具代表性的是大卫·李嘉图。李嘉图最初认为机器的产生大大提高了生产率，商品成本变得低廉，促进了人们的消费行为，从而导致更多的人拥有就业机会。之后李嘉图在其《政治经济学及赋税原理》一书中提到，当机器在生产活动中的应用达到一定比重后，劳动力开始被取代甚至面临失业，机器与劳动力之间的矛盾凸显。这种看似前后矛盾的观点被称为“李嘉图之谜”。在李嘉图之后，马克思认为，技术进步为生产带来更多的利润和剩余价值，能够扩大生产和提供更多的就业机会，同时技术进步还能加深社会分工，扩大劳动力就业。然而，马克思也指出，技术进步是劳动力失业的根源。由于不断出现机器代替人的情况，劳动力在生产过程中所占的比重开始出现下降的趋势，失业者数量增加。马克思关于技术进步与就业的理论突破了古典经济学家的研究局限，奠定了创新影响就业的理论基础（战梦霞，2007）。随后，新古典经济学家对创新的就业效应进行了研究，认为技术进步与经济发展两者之间相互影响。从这个意义上来说，技术进步决定了劳动力的就业。虽然新古典经济学家对创新、经济发展和劳动力就业三者的关系进行了分析，却并没有对其内部机制进行探究（赵利，2009）。关于技术进步与就业的关系，新增长理论认为技术进步对劳动力就业存在正反两方面的作用：一方面，技术进步降低了对劳动力数量的需求；另一方面，技术进步提高了资本的报酬率，产生更多的资本积累，从而能够增加就业机会。然而，真正从理论层面研究创新与就业之间作用机理的是熊彼特，在其《经济发展理论》一书中，他融合了创新理论和经济周期理论，认为创新会导致经济的结构性变动，从而出现周期性失业危机。但由于熊彼特讨论的是技术创新，没有把制度创新因素考虑在内，同时也没有深入研究在经济波动中社会经济系统保持平衡的机制（李正友和毕先萍，2004）。针对以上问题，以克里斯托弗·弗里曼和卡洛塔·佩雷斯为代表人物的新熊彼特学派建立了同时涵盖技术创新和社会制度等因素在内的理论分析框架，认为技术进步导致失业的原因是旧有的社会制度不适用于新技术经济发展范式的要求，两者之间出现结构性失调，因此要解决劳动力失业问题，必须对社会制度结构进行深刻变革（毕先萍，2003）。

创新与就业之间的关系复杂，既存在短期效应和长期效应，也存在直接影响和间接影响，还存在积极影响和消极影响。创新提高了机器在生产过程中的应用，导致劳动力需求数量下降，这是短期效应；从长期影响来看，创新明显增加了社会产出，能够提高消费能力和促进产业结构升级，尤其是促进劳动密集型第三产业的发展，从这一方面来看，创新具有就业增长效应。单项技术创新引起生产要素组合发生变化，对劳动力的数量和比重产生影响，这是直接影响；技术进步导致生产效率、产量规模、价格水平、产品需求等发生变化，从而对劳动力就业产生影响，这是间接影响。此外，创新对劳动力就业还存在破坏效应和补偿效应（王光栋，2015）。

第一，就业破坏效应。技术进步促进机器更多地在生产过程中被使用，生产率得到明显提高，资本开始替代劳动力，导致劳动力就业岗位减少，这种技术进步减少劳动力需求的效应被称为创新的就业破坏效应。为进一步理解就业破坏效应，张红霞（2011）从机械化效应、管理效应、生命周期效应、波动效应和滞后效应五个方面的机制对就业破坏效应进行了分析（见图 2－2）。

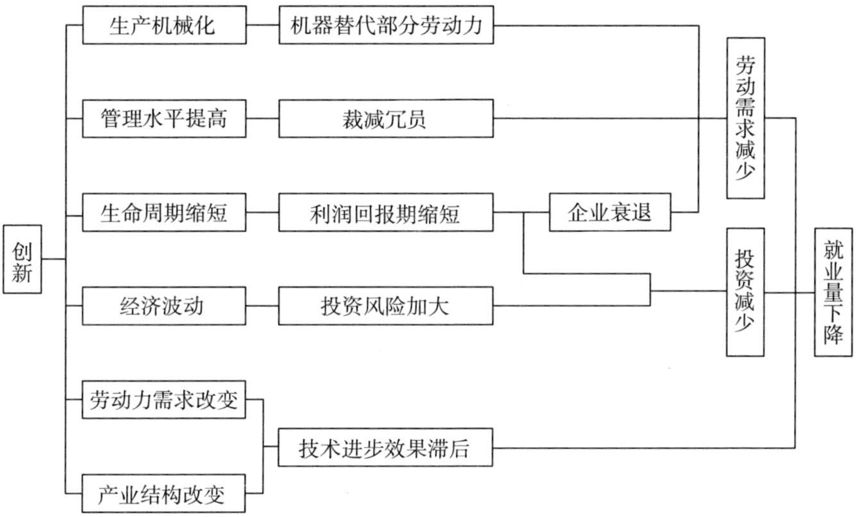

图 2－2　创新的就业破坏机制

资料来源：张红霞．技术进步的就业效应研究［D］．天津大学博士学位论文，2011.

机械化效应机制指的是生产机械化造成机器对劳动力的取代，导致就业量下降；管理效应机制指的是创新使管理水平提高，能够更为合理、有效用地组织生产要素，避免冗员情况出现，导致就业量下降；生命周期效应指的是创新使产品生命周期缩短，产品利润回报期也变短，导致企业可能在短期内衰退，减少对劳动力的需求，同时，利润回报期缩短将导致企业运营风险加大，抑制了外来投资，就业岗位减少；波动效应指的是由于经济本身存在一定的波动性，市场投资风险大，生产规模较小，加上技术扩散效应有限，使就业整体数量表现出明显的下降趋势；滞后效应指的是短期内由于劳动力的素质、产业结构的调整不能快速完成，技术进步对劳动力出现排斥和滞后作用，表现为就业量在短期内下降。总体来说，技术进步导致劳动力被替代、产品生命周期缩短、企业管理水平提高、经济波动明显、劳动力需求和生产结构改变等情况出现，最终造成就业量下降。

第二，就业补偿效应。创新还会通过创造就业岗位和补偿机制提高劳动力就业数量。创新的就业补偿效应研究的代表人物是维瓦雷利，他认为就业补偿效应共有六种机制：即使机器替代劳动力造成就业减少，但同时生产新机器又会直接促进就业；机器替代劳动力带来产品成本降低，减少的价格会直接刺激消费需求的提高，从而增加劳动力就业；技术进步提高厂家利润并促使投资行为的发生，从而增加新产品和就业；在自由竞争和劳动力与资本完全替代的情况下，劳动力工资下降，促使企业使用劳动力替代资本，有利于劳动力就业的增加；创新促进劳动力收入水平提高，从而直接带来更高的消费，这种需求增长会带来就业的增加；创新的产生不仅意味着新机器的出现，同时也产生了新产业部门，增加了新的就业岗位。

张红霞（2011）把创新的就业补偿机制概括为价格效应、收入效应、技术乘数效应、时间效应、资本化效应和国际化效应六个方面。价格效应指的是产品的生产成本下降，商品价格降低，刺激消费者需求增加，生产商扩大生产规模最终增加就业；收入效应指的是创新提高劳动生产率，提高居民收入水平，从而对就业产生一系列积极影响；技术乘数效应指的是创新带来新产品和新兴产业的出现，打开新的消费市场从而促进经济增长和劳动力就业，同时开拓出新的下游产业，加长社会的就业链条，创造出大量的就业岗位；时间效应指的是创新导致劳动力为适应需求延长自身受教育年限，而增加的收入水平能够提高劳动力对人力资本的投资力度，缓解就业压力；资本化效应指的是创新提高人力资本的应用价值，企业倾向于扩大再生产，从而提高对劳动力的需求；国际化效应指的是国际贸易的发展带动本国产业发展从而增加就业，并扩大了本国劳动力输出的机会，缓解了本国的就业压力，同时外资的引入加大了本国相关产业的生产规模，明显增加了对劳动力的需求，就业量得到提高。总体来说，创新通过扩大生产规模、降低商品成本和刺激消费需求增加就业量；通过产生新产品和新生产部门增加就业岗位；通过全球贸易吸引外资投入及输出劳动力，进一步扩大就业补偿效应（见图2－3）。

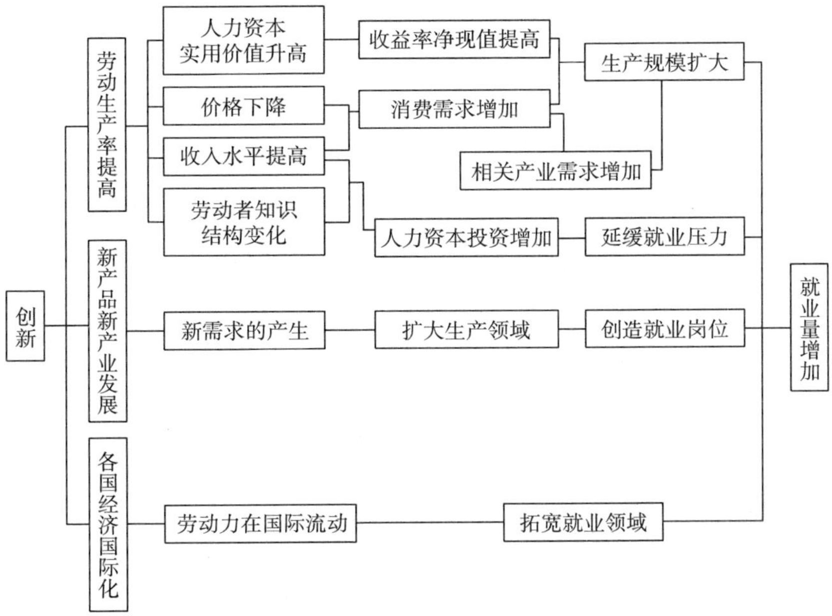

图 2－3　创新的就业补偿机制

资料来源：张红霞．技术进步的就业效应研究［D］．天津大学博士学位论文，2011.

（2）创意阶层理论。佛罗里达（2010）认为，当代经济的发展动力主要来源于人类创意。从农业社会到现在的知识经济社会，创造力成为人类社会经济获得竞争优势的来源。创意来源于人，为了迎合创意想法的工作流程，许多公司的日程表、规则甚至对员工的着装要求都变得越来越灵活。经济对创意的追求已经促使了“创意阶层”（Creative Class）的形成。“创意阶层”的核心成员包括从事科技、建筑、设计、教育和艺术等方面的工作者，他们的经济职能主要是创造出新的技术和理念。除此之外，创意阶层还包括能够解决部分复杂问题和独立做出判断，并且受教育水平较高的创造性专业人才（见表 2－2）。创意阶层大部分都属于创新人才，创新的主体是具有创意的人才。其实城市的经济能否得到繁荣，并不取决于传统意义上的经济发展战略，而是在于对创意人才的吸引和挽留（Florida，2003；安树伟，2014）。

表 2-2　创意阶层的基本构成

种类	人群	特点
超级创意核心群体	科学家、工程师、大学教授、小说家、诗人、艺术家、演员和建筑师等	创造易于传播并可广泛使用的新形式或新设计；提出一种能够在众多领域中得到应用的理论或策略；创作出经久不衰的音乐。主要是发现问题和解决问题
现代社会的思想先锋	非小说作家、文化人士、智囊机构成员、分析家及其他舆论制造者等	
创新专家	医生、律师和经理等	广泛分布于知识密集型行业，如金融服务业、高科技产业、法律、工商管理及卫生保健业。不仅要创造性解决问题，还要独立处理具体问题。积极参与研发工作，创造易于传播并可广泛使用的新模型

资料来源：佛罗里达．创意阶层的崛起［M］．北京：中信出版社，2010.

创意阶层的出现将劳动力市场分工主要划分为两类：一类是高收入和对技能要求较高的专业工作，另一类是低收入和对技能要求较低的服务行业。由于创意人才通常能获得较高的收入，因此有人认为创意阶层是造成收入差距过大的主要原因。然而，Florida 在其“*The Rise of Creative Class*”一书中为创意阶层赋予了新的角色，那就是创意阶层负责帮助工人阶级和服务人员去利用和表达他们的创意能力。通过这个过程，非创意人员能够抛开身为家庭佣人的束缚和避免做一些思维麻木的重复工作。例如，Florida 鼓励管理阶层将其老式的工作区域改造成“创意工厂”，允许各阶层的工人发挥他们的创意才能并将其最大程度地应用于管理和设计过程。同时，从事服务阶层的人员还被鼓励参加一些非正式的辅导培训。创意阶层能够将这些培训与低端服务业相结合，以此扩展这些服务阶层人员的创意技能。Florida 以自己曾经的管家为例，描述了创意阶层帮助低技能劳动力发挥才能的过程。在他的支持下，这位管家不再做家庭清洁等琐碎事务，而是开始从事以家居装饰和室内设计为主的咨询服务相关工作，其收入相比之前有明显提高。这一例子支持了 Florida 的观点，即城市的收入不平等问题能够被具有新角色的创意阶层解决（Florida，2003；Peck，2005；2007；Mccann，2007）。

尽管技术进步导致劳动力被机器所取代，但有些非程序化、复杂的手工工作仍然需要劳动力完成，非机器可以代劳。随着高技能劳动力这部分人群收入的增加，在消费习惯和生活需求等方面的变化会使他们对家庭服务业越来越依赖，如干洗、管家和准备食材等工作。这些工作必须由劳动力完成，因此对低技能劳动力的需求得到了提高，这部分人群的就业量和收入也能相应增加。从这一角度来说，创意阶层同样能够缓解收入差距（Florida，2003；2012）。

此外，Florida还对那些无法解决收入不平等问题的过时方案进行了评价，如工会代表制度，提高最低工资标准和延长生活性工资运动等。他认为这些策略基本属于扼杀创造力的行为，是试图通过维持和保护那些非创意工作来提高非创意阶层相对于创意阶层的地位（Peck，2005；Florida，2007）。同时，Florida希望创意阶层能够更具有包容性。创意阶层也许会带来一些问题，但同时也能提供解决方案（Donegan和Lowe，2008）。

学界关于创新与收入差距关系的研究主要包括区域创新与地区收入差距、区域产业创新影响收入分配以及区域创新对技能溢价的影响三个方面。

2.4.2 区域创新与地区收入差距

（1）国外研究进展。早期对区域创新和收入差距关系的研究主要集中在讨论创新所带来的技能偏向型技术进步（Skill - Biased Technological Change，SBTC）是否会导致收入差距扩大或缩小（Ginther，2003）。其中，大部分研究认为技能偏向型技术进步是收入差距扩大的主要原因，如Acemoglu（2002）认为随着高技能劳动力供应量的增加，技能偏向型的技术进步会继续加速发展并导致收入不平等的扩大；Moore和Ranjan（2005）构建模型研究技能偏向型技术进步对劳动力失业的影响，结果发现技能偏向型技术进步会通过造成劳动力失业从而加剧收入分配矛盾。Greiner等（2004）在对欧洲、美国和德国进行研究后发现，尽管技能偏向型技术进步造成了收入差距扩大，但同时仍有其他因素会影响收入不平等。如Pan和Li（2010）研究专利保护制度下技术进步与收入不平等的关系，结果发现技能劳动力数量的增加能够提高保护技能偏向型专利的动态效益，导致专利保护制度成为技能偏向型，最终使技能发展倾向于技能偏向型技术进步，从而进一步扩大收入差距。

Lee（2011）使用1996～2001年的欧盟数据，对区域创新与收入差距的关系进行了分析，发现当使用专利数代表创新水平时，创新与收入差距之间存在正相关关系，而以知识密集型产业表示创新水平时，除了在知识密集型金融服务业中创新会带来收入差距扩大，在其他产业中并没有观察到两者存在相关关系；Lee 和 Rodríguez - Pose（2013）使用欧洲地区和美国城市的人口微观调查数据，发现在欧洲地区创新与收入不平等之间存在正相关关系，其中自由度不高的劳动力市场和较低的移民水平是主要原因，在对美国的研究中并没有发现创新与收入差距之间存在联系；Jaumotte 等（2013）使用 1981 ~2003 年 51 个国家的跨国数据分析对比经济全球化和创新发展对收入差距的影响，结果发现与全球化相比，创新对收入差距的影响更明显，并且创新是收入差距扩大的最终原因；Breau 等（2014）分析 1996 ~2006 年加拿大的城市数据，发现创新与收入不平等之间存在正相关关系，具有较高创新水平城市的收入分配更加不均等；Aghion 等（2015）使用美国州际面板数据进行研究，结果表明在过去几十年中，美国各种创新措施与高收入差距之间均存在正向关系，美国各州人均专利每增加 1%，收入在前 1% 人群之间的收入差距会扩大 15%。

然而，亦有研究认为创新并不会导致收入差距扩大，甚至还得出创新会缓和收入不平等或两者之间存在良性循环的结论。Card 和 Dinardo（2002）回应技能偏向型技术进步（Skill - Biased Technological Change，SBTC）带来收入差距扩大的假说，发现尽管计算机技术在不断进步，但从 20 世纪 90 年代开始工资不平等情况就趋于稳定，同时 SBTC 也无法解释工资不平等在其他方面的演变；Grimalda（2004）建立动态部门模型，发现技能偏向型技术进步与收入不平等之间在较短时间内存在库兹涅茨曲线，而在长期趋势下技能偏向型技术进步能够缓和收入不平等矛盾；Das（2008）研究技术扩散和收入不平等的传播效应，结果发现技术的溢出作用会导致所有类型劳动力的收入均得到提高，从而造成收入差距下降，同时技术的溢出作用还能促进国家之间不平等程度的趋同；Xu 等（2011）将技能偏向型技术进步和工资不平等看作内生变量，使用劳动力市场的教育效率和供求关系的动态模型进行研究发现，当教育系统的效率发展到能够控制收入不平等的演化路径后，技能偏向型技术进步会导致收入差距在短期内上升，但在经过一段时间后会带来收入差距下降；Antonelli 和 Gehringer（2013）使用 1995 ~2011 年发达国家或地区如美国、加拿大和欧盟国家以及新工业化的金砖四国成员数据，证明技术进步与收入差距之间存在良性循环。

（2）国内研究进展。与国外的研究相似，国内对创新与收入差距两者关系的研究亦没有达成统一结论，且大多是从技术进步的角度分析创新对收入差距的影响。如张斌（2003）将贸易因素和技术进步分开，对技术进步影响收入差距进行了理论完善和发展；许志成和闫佳（2011）认为技术进步会在短期内导致收入不平等加剧，但当教育系统的效率处于合理范围内时，技术进步会起到缓解收入差距的作用；马双和曾刚（2016）基于中国部分城市数据，发现在创新水平越高的城市，其收入不平等矛盾也越严重。然而，亦有研究认为两者之间的关系还受其他因素的影响，如雷欣等（2014）基于实证检验发现创新对收入差距的影响效应取决于其与开放度的交互作用，当创新与贸易开放和金融开放相结合时，其对收入不平等存在正向影响，而当创新与社会开放相结合，创新能够缩小收入不平等。

较多实证文章对创新与城乡收入差距两者之间的关系进行了分析。大部分研究认为创新会加剧城乡分配不均，如刘凤良和易信（2013）使用1999～2008年中国省域数据进行实证研究，发现在中国城乡要素积累差异逐渐扩大的背景下，资本偏向型技术进步会引起资本和劳动力要素生产力提升的非对等性，最终造成城乡收入差距不断扩大；曾鹏和吴功亮（2015）基于中国23个城市群的数据，结合联立方程和最小二乘法回归模型进行分析，发现技术进步与城乡收入差距之间呈正相关关系；谢婷婷等（2015）基于1978～2012年省域数据，使用贝叶斯分位数法分析科技创新与城乡收入差距的关系，结果表明科技创新不仅会显著加剧收入分配矛盾，还会加快收入差距扩大的速度。然而，也有一些研究得出了不同结论，如杨新铭和周云波（2008）基于1995～2005年的中国省域数据，分析技术进步对城乡收入差距的影响，发现当技术进步向城镇低人力资本倾斜时，技术进步会缩小收入差距，当农村技术进步与其人力资本不匹配时，农村技术进步对收入差距则无明显影响；马磊（2016）基于中国省市区2002～2013年的省级面板数据进行分析，得到技术进步能够缩小城乡收入差距的结论。

除创新影响地区内收入差距的研究外，关于创新对地区间收入差距影响的研究结论也不统一。李欣（2009）基于1995～2006年中国51个城市的数据，指出技术进步是城市间收入差距的主要影响因素；而杨春艳（2014）使用计量模型研究中国技术创新与地区间收入差距的关系，发现技能偏向型技术进步对收入差距的影响并不明显。

2.4.3 区域产业创新影响收入分配

（1）国外研究进展。除创新与地区收入差距的关系外，还有部分研究以某一产业为例，关注创新对产业内部不同类型劳动力收入分配的影响，主要关注的是创新带来的技术进步与劳动力收入分配的关系。Allen（2001）以研发和高科技资本密集型产业为例，认为技术进步与受教育程度不同劳动力之间的收入差距的变化有关，发现与技术进步相关的变量能够解释最高学历为高等教育的劳动力和最高学历为高中教育的劳动力之间收入差距变化的 30%。除此之外，Chusseau 等（2008）讨论了技能偏向型技术进步对技能与非技能劳动力之间收入不平等的影响，结果表明在不同产业内部，技术进步对不同类型劳动力收入分配不均的影响不同，这也说明了基于产业类型研究不同产业内部创新与劳动力收入差距之间的关系具有一定意义。

（2）国内研究进展。国内对区域产业创新与劳动力收入分配关系的研究主要关注的是技术进步的影响，具体是制造业、工业和信息业等产业的技术进步对劳动力收入差距的影响。喻美辞（2008）基于 2000~2005 年的数据考察了我国制造业的技术进步对行业劳动力工资差距的影响，发现当不考虑制造业的行业特征时，制造业的技术进步对劳动力相对收入差距的影响并不显著，而当把制造业按照其要素密集度划分为不同种类后，行业要素密集度的不同会导致技术进步对劳动力相对工资差距产生不同影响；邵敏和刘重力（2010）认为我国工业行业收入不平等与行业内部技术进步的类型有关，行业出口贸易的密集度提高会使技术进步偏向于高技能劳动力，从而造成行业内部收入不平等加剧，基于 2002~2007 年面板数据模型得到的实证结果也表明，技能偏向型的技术进步能解释约 51.13% 的收入差距扩大；王苍峰和司传宁（2011）使用 2004 年和 2008 年的两次经济普查数据，考察制造业中技术进步对劳动力收入差距的影响，结果表明发生在制造业中的技术进步属于技能偏向型，随着技术进步的发展逐渐增加了对高技能劳动力数量的需求，最终扩大了收入差距；曾小春和王金龙（2012）按照产业的垄断性进行划分，分别考察了在垄断性产业和非垄断性产业中技术进步对产业内部劳动力的需求，发现无论产业是否具有垄断性，技术进步均会提高产业内部劳动力的收入，而影响两类产业收入差距的主要因素是这两种产业的技术差距；杨蕙馨和李春梅（2013）以信息产业为例，从劳动力需求和供给两方面分析了技术进步与劳动力收入差距的关系，研究结果表明由于信息产业的技术进步属于技能偏向型，这种技术进步的发展会通过提高对高技能劳动力数量的需求和减少对低技能劳动力数量的需求来扩大这两类劳动力的收入差距，而当这两类劳动力的就业数量达到稳定后，技术进步将不再对收入差距产生影响。

2.4.4 区域创新对技能溢价的影响

（1）国外研究进展。除创新对地区收入差距的影响外，还有文章从技能溢价的角度，分析创新如何通过影响不同技能劳动力的收入进而导致收入差距变化。一些文献认为，创新通过提高高技能劳动力的收入进而导致收入差距扩大，如 Acemoglu 等（2001）研究技能偏向型技术进步对工会制度的影响，发现技术进步加大了对技能劳动力的选择性，破坏了其与非技能劳动力的联合工会制度，消除了工会造成的工资压缩效应，从而扩大了技能劳动力和非技能劳动力之间的收入差距；Greiner 等（2004）建立包含技术创新的罗默增长模型，认为不同技能劳动力之间的相对供给、外部性和替代效应均是造成收入不平等的驱动力，比较美国和德国的实证分析结果，发现虽然与美国相比，德国不同技能劳动力之间的收入不平等矛盾更缓和，但收入不平等扩大的情况同样存在；Cozzi 和 Impullitti（2006）建立非规模增长模型，从理论和实证两方面验证公共支出中技术部分的提高能够刺激研发活动从而增加高技能劳动力的收入，造成收入差距扩大，具体来说，政府关于公共支出的政策能够解释 1978 ~ 1991 年收入不平等约 32% 的变化。

然而，也有一些研究者持有不同意见。他们认为由于高技能劳动力和低技能劳动力之间存在技能溢出作用，以及创新发展对低技能劳动力存在就业补偿效应，因此创新不一定会带来收入差距扩大。Fang 等（2008）认为虽然技能劳动力与非技能劳动力之间的技术差距会带来分配不均，但由于技能劳动力对非技能劳动力存在溢出作用，这两组劳动力之间的收入差距会随着技能劳动力相对供应量的增加而变化，而收入差距的扩大或缩小则具体取决于技能劳动力的相对供给与技术溢出的效率；Pehkonen 和 Ojala（2009）使用 1755～1914 年工人工作场所数据分析技能组成、工资不平等和工资溢价的关系，发现在 18 世纪后期，收入不平等的扩大与新技术职业数量和技能劳动力工资的提高有关，并且这种不平等随着时间的推移而缓慢演变，在不同阶段发生上升或下降的变化；Autor 和 Dorn（2013）应用空间均衡模型分析 1980～2005 年低技能服务业就业增长的原因，发现随着技术进步，低技能劳动力被重新分配到服务业，即使是在职业分类的末端，他们的收入同样也能得到增加；Hühne 和 Herzer（2017）分析了 1970～2005 年芬兰、德国、意大利、韩国和美国的高技能劳动力与中等技能劳动力之间以及中等技能劳动力和低技能劳动力之间的收入差距，发现各国这三类劳动力之间的工资不平等程度均存在较大差异，在美国、德国和意大利，不同技能劳动力之间的相对收入差距出现长期上升趋势，而在韩国和芬兰，其收入差距则表现出下降的趋势。

（2）国内研究进展。国内研究从技术进步角度对创新影响高技能劳动力与低技能劳动力之间收入差距进行了分析。部分研究基于地区数据进行分析，考察了不同类型技术进步对技能溢价的影响，同时也考虑了其他因素如专利保护制度、教育质量等对两者关系的影响。如潘士远（2008）从专利保护制度的角度，认为劳动力禀赋结构会通过影响专利制度的效益改变技术进步和专利保护制度的类型，最终造成技术进步和专利保护制度都是技能偏向型，导致熟练劳动力和非熟练劳动力之间工资不平等程度扩大；董直庆和王林辉（2011）发现欧美国家的技能偏向型技术进步影响技能溢价的结论同样适用于中国，技术进步的偏向型影响技能溢价的变化，同时技能型劳动力和非技能型劳动力的相对工资也决定了技术进步的变化方向；董直庆等（2014）考察了技能偏向型技术进步和中性技术进步对技能溢价的影响，发现技能偏向型技术进步会造成技能劳动力和非技能劳动力之间工资差距扩大，中性技术进步则会缩小两者之间的收入差距；李平等（2014）在技术进步与技能溢价中引入高等教育质量因素，认为高等教育质量的提高能够在短期内增加高技能劳动力的供应数量，从而引发技能偏向型技术进步的发生，最终导致技能溢价提高，然而当高等教育质量发展跨过一定的门槛后，高技能劳动力和低技能劳动力之间的收入差距会随着高技能劳动力供应量的增加而下降；李群峰（2015）采用 RIF 回归分析方法研究 1995 ~ 2013 年技术进步对收入不平等的影响，得出技能偏向型技术进步是高低技能劳动力之间收入分配矛盾扩大的主要原因。

随着国内微观调查项目的发展及其调查数据的公布，微观数据因具有抽样科学、调查数据真实可靠等特点，近年来越来越多地被应用到社会科学研究中。因此，还有一部分实证研究结合微观调查数据，从劳动力个体角度对创新影响不同类型劳动力之间的收入差距进行分析，如陈雪梅和叶宇平（2014）采用 1989 ~ 2011 年中国家庭健康调查（China Health and Nutrition Survey，CHNS）数据，分析技能溢价水平的影响因素，发现技能偏向型技术进步对劳动力之间收入差异的影响最为明显，此外，相对劳动力供给和对外贸易对劳动力收入差距也有一定影响；喻美辞和喻春娇（2016）基于中国城镇家庭住户收入调查数据（Chinese Household Income Project Survey，CHIP），使用均值回归和分位数回归方法分析技术创新与劳动力技能溢价的关系，发现在不同类型贸易下，技术创新对工资差距的影响不同，如进口贸易下技能偏向型技术进步会扩大收入差距，而出口贸易下技能偏向型技术进步未能对收入差距产生明显影响。

2.5 本章小结

本章从研究内容出发，梳理了包括新增长理论、技术差距理论、技术空间扩散理论、知识溢出理论、创新影响劳动力就业理论以及创意阶层理论等相关理论的基本内容，并从区域创新的时空演变、高校与区域创新关系以及区域创新对收入差距的影响三个方面介绍了国内外相关研究的进展。通过文献分析和总结归纳，寻找中国创新问题研究的切入点，旨在总结区域创新发展规律，为创新的可持续发展提供对策建议。

整理相关研究脉络，可以得到以下三个启示：

（1）区域创新研究时间跨度有待延长，研究单元有待细化。在区域创新随时间演变研究的文献中，关于区域创新随时间收敛趋势的结论并未达成统一。即使在同一研究范围内，有文献认为区域创新随时间推移并不存在收敛趋势，有文献却得出区域创新随时间推移存在明显收敛趋势甚至出现两种类型的收敛趋势并存的结论。出现这种情况的主要原因是这类文献所选取的时间段不同，故即使是针对同一研究范围，所得出的研究结论也不一致。国内外相关文献普遍存在研究时间跨度不长的问题，对区域创新收敛趋势的研究结论不具有说服力。区域创新随时间发展的趋势在短时间内很难厘清，需要基于更长时间跨度才能全面把握其演变规律，因此应当延长区域创新收敛趋势的研究时段。另外，在区域创新空间差异的研究中，国内外研究已经证明区域创新在不同尺度下会存在不同程度的集聚，但在国内文献中，全国范围内的相关研究仍然主要以省域为研究单元。由于中国地区差异普遍存在，即使是同一省域内的地区之间仍存在较大差异，进一步细化研究单元是一个重要切入点。因此，为更好地捕捉区域创新随时间和空间演变的规律，有必要在延长研究时间跨度的基础上，选择比省域尺度更小的单元分析全国范围区域创新的时空演变特征。

（2）应控制要素的空间相互作用以及科学定义地区间的空间关系。高校影响区域创新的研究较为丰富。国外文献分别从高校研发、新增大学数量等不同角度对区域创新的影响因素进行了分析。还有文献将研究视角进一步细化，聚焦到具体某一大学对创新的影响。尽管基于不同的研究范围和视角，这些文章最终均得出了高校对区域创新有促进作用的结论。国内文献主要是以省域为研究单元，开展了全国范围的高校与区域创新关系研究，但最终得到的结论并不一致。有些研究认为高校能够促进区域创新发展，然而也有一些研究指出高校对区域创新的作用并不明显，由于高校存在重理论轻应用、难以与社会发展方向完全匹配等问题，可能还会限制区域创新的发展。忽略要素的空间相互作用以及没有科学定义地区间的空间关系是国内相关研究结论难以达成一致的部分原因。理论上，区域创新在空间上存在溢出作用，而大部分国内研究都忽略了创新的这种空间相互作用。如果无法控制这种影响，则会造成对两者关系估计的有偏。尽管随着空间计量经济学的发展，有些研究开始注意到要素间这种空间相互作用的存在，但其中大部分文献仍使用的是一阶空间邻接矩阵，忽略了该矩阵所定义的地区空间关系与实际情况出入较大。同时，选择不同类别的空间权重矩阵，对模型的回归结果也会产生一定程度的影响。因此，在研究高校与区域创新的关系时有必要结合计量经济学和空间计量经济学的理论和方法，细化研究单元和选择不同规则的空间权重矩阵，更全面和科学地分析高校与区域创新之间的关系。

（3）国内关于创新影响收入差距的研究仍有待丰富。早期对创新影响收入差距的研究主要关注的是创新所带来的技能偏向型技术进步与收入差距的关系，然而在后期研究中，除技术进步外，创新通过专利、劳动力流动和就业补偿等途径造成收入差距变化的机制逐渐被发现。区域创新与收入差距之间存在紧密联系。无论是创新影响收入差距的整体研究，还是创新与不同技能劳动力收入关系的个体研究中，创新与收入差距的关系在国内外学界均没有达成统一结论。其中，国内关于创新影响收入差距的研究相对较少，研究单元仍然以省域为主，已有的市域尺度研究也是基于全国部分城市数据而并非全样本。因此，将研究单元进行细化，开展全国范围内城市创新对收入差距的影响研究是切入点之一。同时，在微观个体研究中，国外对不同技能劳动力收入受到创新影响而发生变化，以及不同技能劳动力之间技术溢出作用的研究较为丰富，但国内的相关研究起步相对较晚。随着国内微观调查项目的发展及其调查数据的发布，将涵盖了个体特征的微观调查数据应用到创新影响不同类型劳动力收入的研究中，能够更好地揭示区域创新对地区内部不同类型劳动力收入的影响，为区域创新影响收入差距的总体研究提供微观证据，这是另一个切入点。

综上所述，目前对中国创新问题的研究主要以内部异质性较大的省域为单元，研究单元有待进一步细化；区域创新时空演变研究的时间跨度不够，无法完整揭示创新随时空演变的规律，研究时段有待延长；在高校影响区域创新的大部分研究中，仍存在对要素空间溢出作用的考虑不够或对地区间空间关系的定义与实际情况出入较大等不足，要素的空间依赖性以及科学定义地区间的空间关系应当引起足够重视；国内关于创新影响收入差距的研究成果较少，且两者的关系还没有达成统一结论，创新发展带来的益处在人群中如何分配，创新是否会引起收入差距扩大还需继续讨论。

3
1986 年以来区域创新的时空演变研究

本章首先对全国区域创新水平的变化进行描述性分析；其次分别从全国和地区两个范围研究创新水平随时间收敛趋势，并结合基尼系数反映区域创新空间集中程度的变化情况；最后对区域创新的空间动态分布进行可视化分析。本章将研究时段设定为 1986 ~2012 年，时间跨度远远长于一般研究，力求全面把握区域创新的演变规律；将研究单元细化为城市尺度，相较于大多数以省域为单元的研究，更能捕捉区域创新的空间差异，全面反映区域创新的空间分布特征。

3.1 引言

由于创新在全球贸易和经济增长中具有重要作用（Acs 等，2002），各个国家都在积极发展创新（Kemeny，2011），中国也不例外。党的十八大报告中提出“实施创新驱动发展战略”；在十二届全国人大三次会议中，习近平总书记提出“创新是引领发展的第一动力”；2017 年 3 月，中国科学院院士薛其坤在“两会”中提出，创新将在“十三五”期间为引领经济发展新常态和增添经济发展新动能提供强大支撑。创新已成为国家和民族发展的主旋律，研究创新的时空发展规律将会为中国创新战略的实施提供重要依据（牛方曲和刘卫东，2012；谭俊涛等，2014；薛领，2014）。

基于国家、地区和省域等不同尺度，国内外学者对区域创新随时间演化的特征进行了分析。国外研究主要关注美国、欧盟等发达国家和地区中创新随时间演变趋势，如 Jungmittag（2006）得出欧盟大多数国家的创新并没有出现绝对收敛趋势的结论，Altuzarra（2016）则认为欧盟大多数国家均存在一定程度的趋同，其收敛速度因国家而异。在国内文献中，孙建（2011）认为中国区域创新既存在绝对收敛也存在条件收敛，而魏守华等（2011）通过研究认为创新的收敛性特征仅存在于中国的东部和中部地区，全国整体则表现出分散性。国内外学者使用要素收敛趋势分析方法，在国家之间（Amaia，2010）和国家内部（潘雄锋和史晓辉，2012；肖刚等，2016a）等不同尺度对区域创新随时间演变特征进行了讨论，但即使是基于同一研究范围所得出的结论也并没有达成统一，且总体研究的时间跨度一般为 10 ~ 15 年，难以全面把握区域创新的演变规律。

区域创新的空间分布特征也是学界研究热点之一。对相关文献进行总结发现，从研究尺度上看，除了以全国（Carrincazeaux 等，2001；陈晶和陈宁，2012）为研究范围外，还有研究是以经济区（Serrano 等，2003；Moreno 等，2005）、城市群（肖刚等，2016b；张建伟等，2016）或省域（万勇，2012；丛海彬等，2015）为研究范围。其中，以全国为范围的实证研究大多是以省域为单元（李习保，2007；王春杨和张超，2013），仅有部分研究范围为城市群或省域的文献将研究单元进一步细化到地级市（何键芳等，2013）或县域（蒋天颖，2014；张建伟等，2016）。从研究结论上看，现有关于区域创新空间分布的结果基本相似，即创新存在明显的空间差异和空间依赖特征，并在一定程度上表现出极化效应（张玉明和李凯，2007；王庆喜和张朱益，2013；朱辉，2015）。但以上结论主要是基于省域单元得出，同一省域内部不同城市之间仍存在较大差异的这一情况不容忽视。

基于对已有文献的分析，本章以中国地级及以上城市为研究单元，选择 1986 ~ 2012 年为研究时段，首先对全国范围内区域创新水平的变化进行描述性统计；其次研究自 1986 年以来在全国整体，以及东部、东北、中部和西部地区等不同范围区域创新水平随时间的收敛趋势；最后从全国整体和城市层面分析了区域创新的空间演变特征。

3.2 研究区域

中国国土面积辽阔，人口总数多，至2016年全国共有34个省级行政区，334个包括地级市、地区、自治州和盟在内的地级行政区划单位。由于这些地区之间在自然条件和社会经济方面都存在较大差异，因此在研究过程中，大多学者往往会选择将中国划分为几个地区以展开进一步的研究。基于此，本书按照学界的传统做法，将中国分为东部、东北、中部和西部四大地区（见表3-1），分析全国及不同地区创新的收敛趋势，目的是深入揭示创新的时空演变规律。

表3-1 中国四大地区的具体划分

地区	所包含的省份或直辖市	总数
东部地区	北京市、天津市、河北省、上海市、江苏省、浙江省、福建省、山东省、广东省和海南省	10
东北地区	辽宁省、吉林省和黑龙江省	3
中部地区	山西省、安徽省、江西省、河南省、湖北省和湖南省	6
西部地区	重庆市、四川省、贵州省、云南省、西藏自治区、陕西省、甘肃省、青海省、宁夏回族自治区、新疆维吾尔自治区、内蒙古自治区和广西壮族自治区	12

资料来源：2005年中国“十一五”规划中四大地区的划分标准。

3.3 研究方法和数据

本章首先对全国288个地级及以上城市创新水平的均值及其增长率的变化进行描述性统计；其次分析在不同范围内区域创新随时间的收敛趋势，并计算每个年份区域创新水平的基尼系数以分析其空间集中程度；最后结合对不同年份区域创新的空间分布情况进行可视化分析。

3.3.1 研究方法

对于区域创新随时间的变化趋势，本书主要关注的是区域创新的 σ 收敛和绝对 β 收敛趋势；对区域创新在空间上的演变特征，本书将使用基尼系数进行刻画。

（1）σ 收敛。σ 收敛通常用标准差衡量，关注创新指标的横向比较，研究不同地区间创新水平的标准差随时间推移而减小的情况。具体公式如下：

$$\sigma = \sqrt{\sum_{i=1}^{n} (\ln Inno_i - \overline{\ln Inno})^2 / n} \tag{3-1}$$

式中，$\ln Inno_i$是某年份 i 地区创新水平的自然对数；$\overline{\ln Inno}$ 是某年份整体创新水平自然对数的平均值；n 为地区数量；i 为年份。如果标准差数值趋于下降，说明各地区的创新发展存在 σ 收敛；反之，则为发散。

（2）绝对 β 收敛。绝对 β 收敛侧重于创新指标的纵向比较，研究的是不同地区创新水平增长率随时间的变化趋势。其公式如下：

$$[\ln(Inno_{i,T+1}/Inno_{i,1})]/T = \alpha + \beta \ln Inno_{i,1} + \varepsilon_t \tag{3-2}$$

式中，$Inno_{i,T+1}$是各地区期末的创新水平；$Inno_{i,1}$是各地区期初的创新水平；T 表示考察的时间间隔；α 是截距项。β 指的是收敛系数，如果 β 小于 0，说明地区创新水平的增长率与其初始水平负相关，存在绝对 β 收敛；反之，则有发散的趋势。

（3）考虑空间滞后作用的绝对 β 收敛。由于收敛方程的因变量可能存在空间自相关，因此使用空间滞后模型对式（3－2）进行扩展：

$$\begin{aligned} Y_i &= [\ln(Inno_{i,T+1}/Inno_{i,1})]/T \\ &= \alpha + \beta \ln Inno_{i,1} + \gamma W_{i,j} Y_i + \varepsilon_t \end{aligned} \tag{3-3}$$

式中，$W_{i,j}$是空间权重矩阵，表示两两地区间的空间关系，这里使用的是一般文献常用的基于 Rook 规则的一阶空间邻接矩阵（龙小宁等，2014），即两个地区在空间上存在公共边，所对应的矩阵值为 1，反之则为 0。$W_{i,j}Y_i$是 i 时期因变量的空间滞后项，表示空间邻接地区的因变量对本地区的影响。

（4）基尼系数。基尼系数一般用来反映研究要素在空间分布的集中程度，本书将使用这一方法来分析区域创新的空间集中情况，具体公式如下：

$$H = -\sum_{i=1}^{N} P_i \ln P_i \tag{3-4}$$

$$H_m = \ln N \tag{3-5}$$

$$Gini = H/H_m \tag{3-6}$$

式中，$Gini$ 为基尼系数；P_i为 i 地区创新水平占全国所有地区创新水平之和的比重；N 为地区数量，这里为288。基尼系数取值范围在0～1之间，值越大说明要素的空间分布越集中；反之，则说明要素的空间分布越均衡。

3.3.2 数据说明

（1）创新水平的度量指标。已有文献大多使用专利数量来表示创新水平（Rodríguez－Pose 和 Di Cataldo，2015；郭泉恩和孙斌栋，2016），原因是专利本身代表了先进技术的产生，加上其统计数据的可获取性和连贯性较好，在实证研究中容易获得研究者的青睐。同时，Acs 等（2002）的研究也证明了专利数据能够较好地测度创新水平。由于专利授权受人为因素的干扰较大，申请的专利本身就代表了其新颖性和盈利能力。相较于专利授权还需2～3年时间，申请专利更能反映当期的创新活动。因此，本书以专利申请数表示创新水平，为消除人口规模的影响，最终选用每百万人均拥有专利申请数作为创新水平的代理变量，单位为项/百万人。由于在本书研究时段内存在某年某地级市的专利申请数为零的情况，本书参照 Wooldridge（2012）的做法，将所有的专利申请数加1后再对模型两边的变量取对数。

（2）研究时段和样本说明。中国自1985年4月实施《中华人民共和国专利法》并开始接受专利申请，故1986年是拥有当年完整专利申请数据的初始年份，所以本章的研究时段选择从1986年开始。同时，由于官方数据库设置的特殊性，只能根据已公布公告专利的申请时间来确定当年各城市的专利申请数，而每项专利的公布公开周期不一，大多存在2～3年的滞后期，因此截至数据采集时间为止，数据库的专利申请数据更新至2012年，最终本章的研究时段确定为1986～

2012 年。考虑到拉萨、香港、澳门和台湾地区的相关数据缺失严重，故从样本中删去，最后本章共涉及 1986 ~ 2012 年中国 288 个地级及以上城市的样本数据。

（3）原始数据来源。本章所使用的原始数据均来源于中国国家知识产权局、《中国城市统计年鉴》（1987 ~ 2013 年）以及各省的统计年鉴（1987 ~ 2013 年）。

3.4 描述性分析

计算 1986 ~ 2012 年全国地级及以上城市创新水平的平均值和年增长率，结果如图 3 - 1 所示。

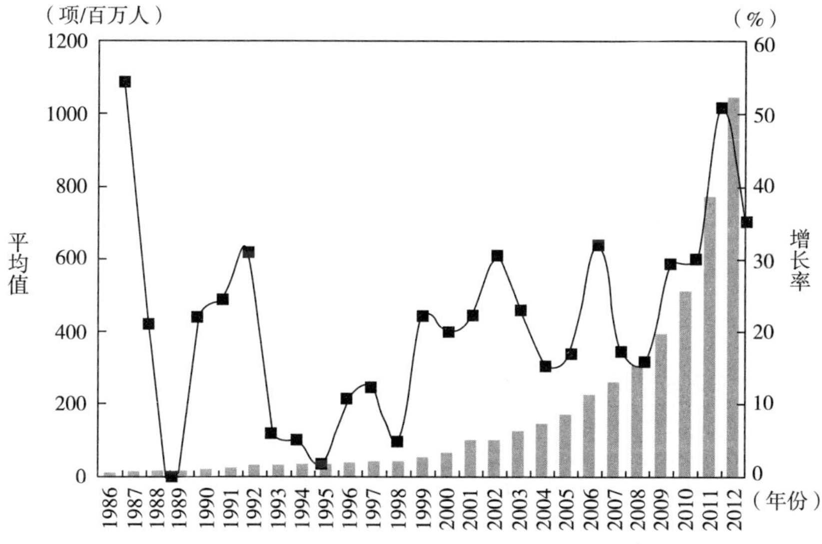

图 3 - 1 1986 ~ 2012 年中国区域创新水平的均值及其增长率

关注中国区域创新水平的均值变化。在初始年份（1986 年），全国百万人均拥有专利申请数的平均值不足 10 项；1987 ~ 1999 年属于平稳增长阶段，到 1999 年全国每百万人均拥有专利申请数已超过 50 项；2000 ~ 2010 年属于加速增长阶段，到2010年全国每百万人均拥有专利申请数已达到510项；2010年后属于快速发展阶段，到2012年全国每百万人均拥有专利申请数已达到1042项。

从区域创新水平均值的增长率曲线来看，1986~2012年中国区域创新水平的增长率存在周期性变化，平均周期为4~5年。其中高增长年份为1987年、1992年、2002年、2006年、2010年、2011年和2012年，其增长率均超过30%；低增长年份为1993年、1994年、1995年和1998年，其增长率均低于10%。

3.5 收敛趋势分析

3.5.1 σ收敛

以每百万人均拥有专利申请数对数值（lnInno）的标准差作为指标，基于全国整体和东部、东北、中部以及西部四个地区，研究随时间推移区域创新在不同范围内的σ收敛趋势，即区域创新的标准差随时间变化而逐渐缩小的趋势，结果如图3-2所示。

全国整体创新水平的标准差在1986~2007年一直波动上升，即使从2008年开始略微下降，但从整个研究时段来看标准差值仍然在增加，说明内部差距在扩大。东部地区创新水平标准差的变化趋势和全国相似，到2008年逐渐增加至1.5，即使在2009年后开始略微下降，但创新水平的内部差距整体仍然在增加。东北地区创新水平的标准差在1986~1991年出现一定幅度的上涨后，从1992年开始发生明显下降，1999~2003年保持稳定后，又于2004年出现小幅度上升，之后从2009年开始下降，创新水平的内部差距整体趋于下降。与东北地区相比，中部地区创新水平标准差的变化较为稳定，在1986~2012年一直处于稳定下降的趋势，说明中部地区的区域创新内部差距在逐渐缩小。西部地区创新水平的标准差先稳定上升，到2003年后开始下降，整体标准差值趋于降低。总体来说，区域创新在中部地区出现明显的 σ 收敛趋势，在东北和西部地区属于弱 σ 收敛，在全国和东部地区并未表现出 σ 收敛趋势。

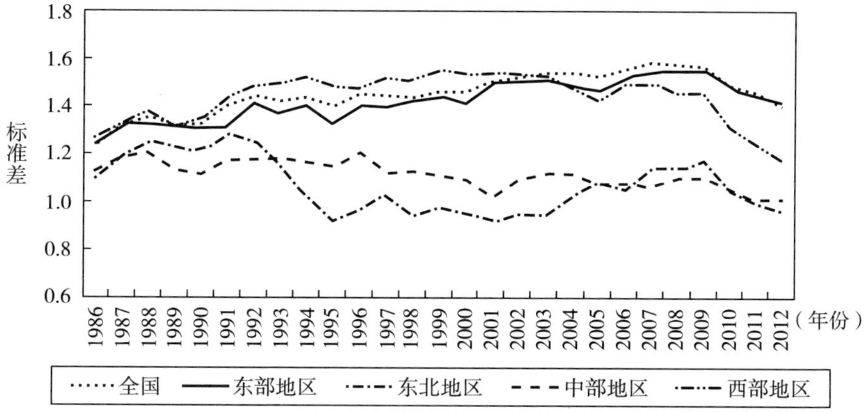

图 3-2　全国及四大地区创新水平的 σ 收敛图

3.5.2　绝对 β 收敛

绝对 β 收敛研究的是创新水平的增长率随时间变化的趋势，即创新增长率与初始创新水平是否负相关，或者期初创新水平较低的地区是否趋于以更快速度发展。根据式(3-2)，对全国整体、东部地区、东北地区、中部地区和西部地区的区域创新水平进行绝对 β 收敛分析，得到的 β 参数值及其散点图如表 3-2、图 3-3 和图 3-4 所示。

表 3-2　全国及四大地区创新水平的绝对 β 收敛检验

参数	全国	东部地区	东北地区	中部地区	西部地区
β 值	-0.012*** (0.002)	-0.013*** (0.004)	-0.013*** (0.004)	-0.019*** (0.003)	-0.010*** (0.003)
Constant	0.188*** (0.004)	0.226*** (0.007)	0.168*** (0.009)	0.192*** (0.005)	0.161*** (0.004)

续表

参数	全国	东部地区	东北地区	中部地区	西部地区
Observations	288	87	34	80	87
Adjusted R^2	0. 103	0. 108	0. 227	0. 296	0. 146

注：①*** 表示在 0. 01 水平上显著；②括号中报告的是稳健标准误。

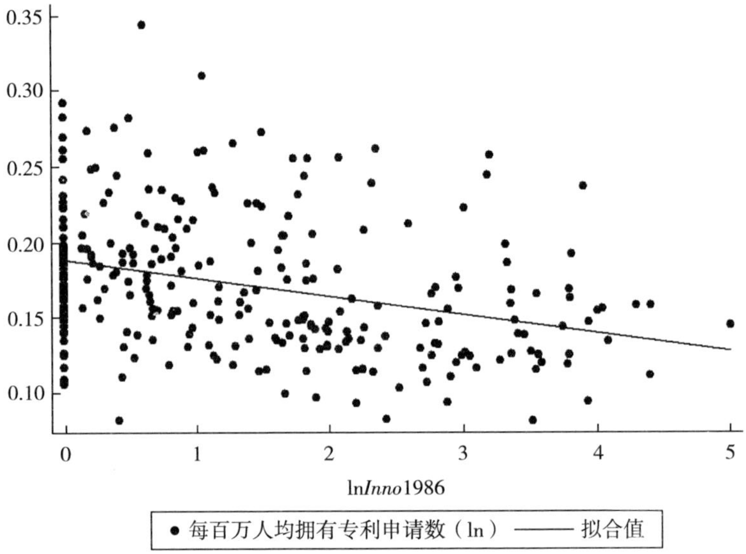

图 3－3　全国创新水平的绝对 β 收敛图

全国创新水平的 β 参数为 －0. 012，并通过 1% 显著性水平检验，说明全国范围的创新出现明显的绝对 β 收敛。东部地区、东北地区、中部地区和西部地区创新的 β 参数分别为 －0. 013、－0. 013、－0. 019 和 －0. 01，均在 0. 01 的检验水平上显著，说明这四大地区的创新发展均存在明显的绝对 β 收敛趋势。绝对 β 收敛的检验结果符合 Barro 和 Xavier（1992）关于 β 收敛是 σ 收敛的必要非充分条件的观点。

考虑到绝对 β 收敛计算公式中因变量可能存在的空间自相关性，会影响区域创新绝对 β 收敛趋势检验的结果（张可云和王裕瑾，2016）。因此，先对全国和四大区域创新水平的增长率进行 Moran's I 值检验，结果如表 3－3 所示。

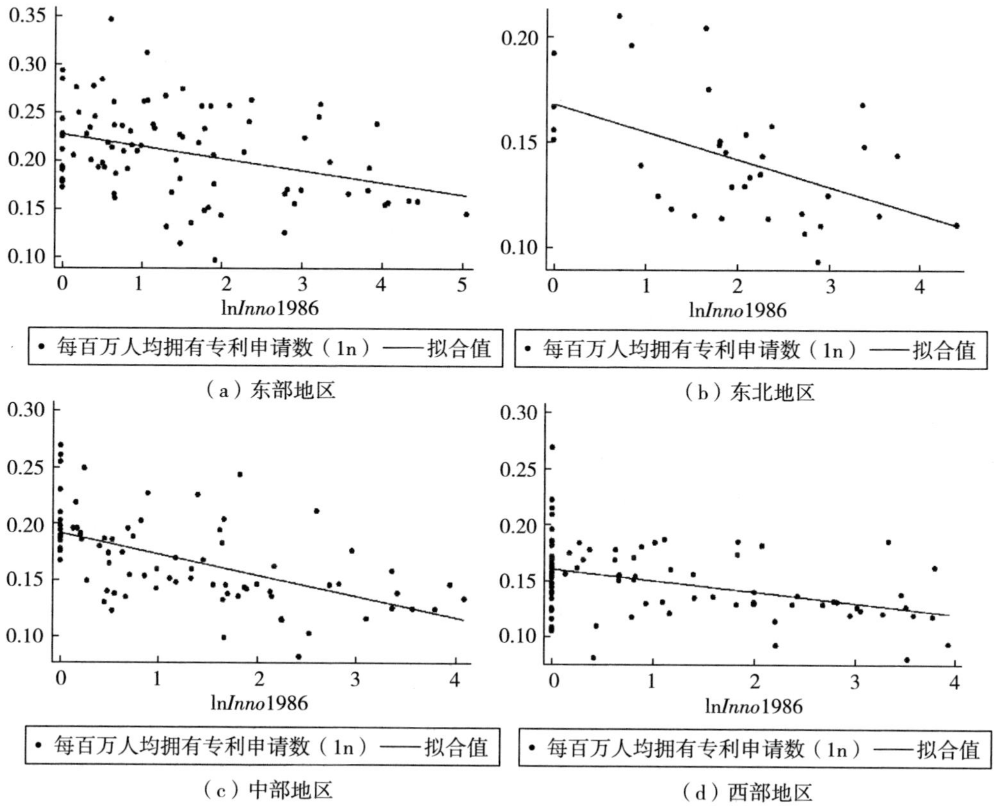

图 3-4　全国四大地区创新水平的绝对 β 收敛图

表 3-3　创新增长率的全局自相关检验（Permutations：999）

参数	全国	东部地区	东北地区	中部地区	西部地区
Moran's I	0.487***	0.369***	0.117*	0.287***	0.133**
P 值	0.001	0.001	0.079	0.002	0.046
Z 值	12.674	5.091	1.451	3.831	1.649

注：*** 表示在 0.01 水平上显著，** 表示在 0.05 水平上显著，* 表示在 0.1 水平上显著。

对区域创新增长率的空间自相关检验发现，全国创新水平增长率的莫兰值为 0.487，通过 0.01 的显著性水平检验，说明全国创新水平的增长率在空间上存在显著正相关。东部地区的莫兰值为 0.369，在 1% 的检验水平上显著，同样说明东部地区的创新增长率存在显著空间正相关。东北地区的莫兰值为 0.117，通过

0.1 的显著性水平检验。中部地区的莫兰值为 0.287，并且在 0.01 检验水平上显著。西部地区的莫兰值为 0.133，通过 5% 的显著性水平检验，说明东北地区、中部地区和西部地区创新的增长率均存在空间自相关。因此，在绝对 β 收敛公式中加入因变量的滞后因子，再次进行绝对 β 收敛检验。

表 3-4 的结果表明，当考虑了因变量的空间滞后性时，全国和四大地区的创新水平 β 值均小于 0，且都通过了 1% 显著性水平检验，说明在考虑了因变量空间自相关的影响后，全国整体、东部地区、东北地区、中部地区和西部地区的创新均随时间推移存在绝对 β 收敛趋势。

表 3-4 考虑空间滞后性的绝对 β 收敛检验

参数	全国	东部地区	东北地区	中部地区	西部地区
β 值	-0.013***	-0.014***	-0.013***	-0.019***	-0.010***
	(0.002)	(0.004)	(0.004)	(0.003)	(0.003)
W×Y	0.355***	0.175**	0.163	0.496***	0.029
	(0.051)	(0.075)	(0.211)	(0.100)	(0.074)
Constant	0.130***	0.194***	0.145***	0.108***	0.157***
	(0.010)	(0.016)	(0.032)	(0.018)	(0.012)
Observations	288	87	34	80	87
R^2	0.282	0.18	0.269	0.482	0.158

注：①***表示在 0.01 水平上显著，**表示在 0.05 水平上显著；②括号中报告的是稳健标准误。

3.6 空间分布特征

计算 1986~2012 年区域创新水平的基尼系数，分析其空间分布集中程度的变化情况，结果如图 3-5 所示。1986~2006 年，区域创新的基尼系数由 0.806 减少至 0.706，说明在这段时间内，创新水平的空间分布发生了一定程度的扩散，其空间集中程度在缩小；2006~2012 年，基尼系数由 0.706 提高至 0.798，说明在这段时间内，创新水平在空间上的分布出现了一定程度的集中。在整体研究时段内，区域创新的基尼系数经历了先降低后升高的变化，即区域创新在空间上呈现先扩散后集聚的发展趋势。基尼系数整体取值范围在 0.7 ~ 0.85，接近于 1，说明中国区域创新的整体空间集中程度一直较高，空间不均衡现象明显。

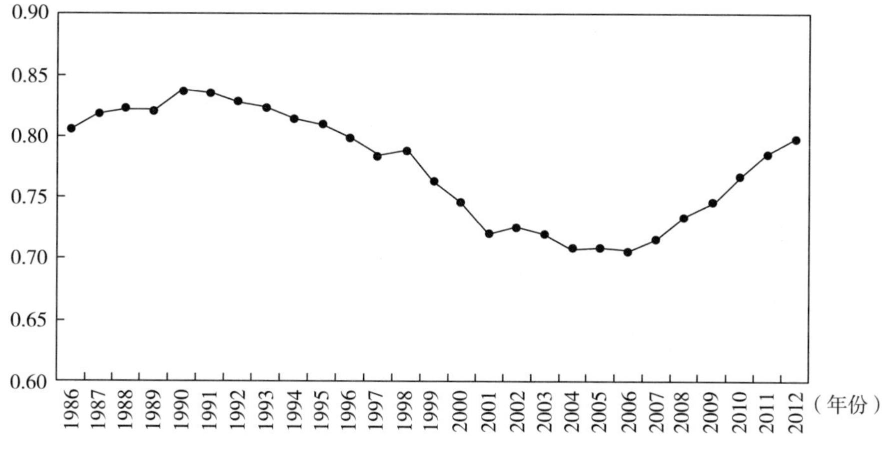

图 3 - 5　1986 ~ 2012 年中国区域创新基尼系数的动态变化

以上内容对中国区域创新的空间分布情况进行了整体描述。为进一步了解区域创新出现这种先扩散后集聚变化的具体原因，本书按照创新水平将各地级及以上城市划分为五类地区：第一类地区的每百万人均拥有专利申请数介于 10000 ~ 25000 项；第二类地区的每百万人均拥有专利申请数介于 5000 ~ 10000 项；第三类地区的每百万人均拥有专利申请数介于 1000 ~ 5000 项；第四类地区的每百万人均拥有专利申请数介于 100 ~ 1000 项；第五类地区的每百万人均拥有专利申请数低于 100 项。

在研究的初始阶段（1986 年），仅天津的每百万人均拥有专利申请数在 100 ~ 1000 项，属于第四类地区；其他全国绝大部分地级及以上城市的创新水平低于 100 项/百万人。到 1991 年，第四类地区的数量增加至 16 个，在空间上零散分布，包括天津、上海、深圳和重庆等地；全国其他大部分地区仍属第五类的情况没有改变。到 1996 年，深圳的每百万人均拥有专利申请数达到 1120. 139 项，是唯一的第三类地区；第四类地区的数量明显增加，新增加的地区有中山、厦门、东莞、昆明、兰州、济南、武汉、哈尔滨、海口、青岛、成都和贵阳；此外，全国大部分地区仍属于第五类。

到 2001 年，第三类地区除深圳外，还增加了东莞和中山；第四类地区的数量继续增加，空间上的分布较为均衡；全国大部分地区的每百万人均拥有专利申请数仍低于 100 项的情况没有发生改变。深圳的专利申请数到 2006 年增加至 13843. 93 项/百万人，直接归入第一类地区；第三类地区即每百万人均拥有专利申请数在 1000 ~ 5000 项的地区数量出现明显增加，具体的城市除东莞和中山外，还新增了佛山、上海、珠海、北京、厦门、广州、杭州和东营；然而此时全国大部分地区仍然属于第五类地区，没有第二类地区出现。到 2012 年，全国区域创新的空间分布发生了较大变化，第一类地区除深圳外还新增了苏州、无锡和东莞三地；第二类地区新增了宁波、中山、杭州、常州、北京、珠海、佛山和镇江等城市；第三类地区的数量由 2006 年的 10 处增加至 2012 年的 50 处；全国大部分地区的每百万人均拥有专利申请数超过 100 项，全国绝大部分地区属于第五类的局势得到扭转。

通过对具体城市创新水平动态变化的分析，一方面证明了基于基尼系数的研究结论，即区域创新呈现先扩散后集聚的变化；另一方面揭示了发生这种变化的原因。到 1991 年，上海、深圳和重庆等地的创新发展，改变了 1986 年仅有天津的创新水平超过 100 项/百万人的局面，在一定程度上缩小了区域创新的空间集中程度，区域创新出现扩散态势；然而从 2001 年开始，以深圳为主的珠三角地区和以上海为主的长三角地区的创新水平得到快速发展，区域创新在空间上出现明显集聚，空间集中程度增大。

3.7 本章小结

基于 1986 ~ 2012 年中国 288 个地级及以上城市的创新数据，本章首先分析了创新平均值及其增长率的变化情况；其次检验了创新随时间的 σ 收敛、绝对 β

收敛以及考虑了因变量空间滞后作用的绝对 β 收敛趋势；再次从区域创新的基尼系数角度分析其空间集中程度的变化；最后选取 1986 年、1991 年、1996 年、2001 年、2006 年和 2012 年分析区域创新水平的空间分布演变。

本章的主要结论有以下三点：

（1）创新发展呈现周期性变化。从创新水平的平均值来看，1986～1999 年中国创新水平的均值处于平稳增长阶段，2000～2010 年发展速度加快，到 2010 年后创新水平的均值出现明显提高。从均值的增长率来看，中国的创新发展存在周期性变化，周期平均为 4～5 年，增长率最高的年份是 1987 年和 2011 年（均超过了 50%），大部分年份的增长率在 10%～30%。

（2）尽管存在绝对 β 收敛趋势，但整体内部差距仍在扩大。以标准差为指标，分析全国整体以及东部地区、东北地区、中部地区和西部地区，区域创新水平随时间的 σ 收敛趋势，即不同地区间创新水平的标准差随时间推移而逐渐缩小的趋势。结果表明中部地区的区域创新存在明显的 σ 收敛趋势，在东北地区和西部地区属于弱 σ 收敛，在全国和东部地区并未出现 σ 收敛趋势。当考察全国及四大地区区域创新随时间的绝对 β 收敛趋势时，发现全国和四大地区的区域创新均存在明显的绝对 β 收敛，即创新初始水平较低的地区趋于以更快速度发展。在测度全国范围及四大地区绝对 β 收敛公式因变量的 Moran's I 值时，发现存在明显的空间自相关，因此对绝对 β 收敛公式进行扩展，加入因变量的滞后因子，结果显示全国及四大地区的创新水平存在明显绝对 β 收敛趋势这一结论没有改变。

（3）创新发展在空间上表现出先扩散后集聚的变化。基尼系数在研究时段内的变化表示中国区域创新在空间上经历了先扩散后集聚的变化趋势。分析创新水平的空间分布变化，1991 年上海、深圳和重庆等地的率先发展改变了仅天津创新水平较高的局面，然而从 2001 年开始，以深圳为主的珠三角地区和以上海为主的长三角地区创新发展迅速，到 2012 年这两大地区已经成为创新高水平地区，创新的空间集中程度提高。其中，东部地区的创新水平明显高于其他地区，区域创新的空间差异明显；深圳是创新水平最高的地区，并且与其他地区的差距还在继续扩大。

❹ 区域创新时空演变的影响因素分析：基于高校视角

第 3 章基于时间和空间两个维度，分析了自 1986 年以来中国区域创新水平的演变特征，结果发现中国区域创新存在明显的地区差异，并且这种差异还在继续扩大。随着创新越来越多地被证明是经济发展的主要驱动力之一，引起区域创新发生变化的原因值得各界关注，那么对创新影响因素的研究就显得尤为重要。其中，高校作为人才培养的基地和知识溢出的源泉，与区域创新的关系一直以来备受学术界关注。

基于此，本章以地级及以上城市为研究单元，从高校研发人员与研发资金两个方面分析高校对区域创新的影响。在研究的过程中，本书考虑到投入要素可能存在的滞后性会对模型结果产生影响，因此还将投入要素滞后一定阶数后代入模型。同时，本书基于不同规则的空间权重矩阵，采用空间计量经济模型检验高校与区域创新的关系，目的是控制要素的空间依赖性以及地区间的不同空间关系对模型结果的影响。

4.1 引言

创新可以用来度量知识投入产出效果，并在区域发展、全球贸易和经济增长中起重要作用（Acs 等，2002）。随着经济全球一体化的逐渐深入，以及世界各国之间仍然存在技术差距的现实背景，大多数国家都开始将创新作为发展要务之一（Kemeny，2011）。近年来，中国开始了以研发导向创新和全球合作为主的经济发展模式（Bruche，2009；Kuchiki 和 Tsuji，2010），在世界创新格局中的角色也已经发生了快速转变（Lundvall 等，2011），同时还将创新发展上升至国家战略层面。创新已成为中国最显著的时代特征之一。

创新的主体之一是人才，高校作为人才培养的基地和知识溢出的源泉，与区域创新的关系一直以来都备受学术界的广泛关注。由于知识能够在不被支付任何补偿的情况下被他人利用，这种非竞争性和非垄断性等外部特征造成了高校的知识溢出（Romer，1990）。这种知识溢出可以通过直接互动和交流等方式自然而然地发生（Charlot 和 Duranton，2004）。早在 20 世纪 80 年代，就有研究指出高校是创新高地出现的主要原因，如美国的马萨诸塞州和加州地区创新水平较高是因为拥有哈佛大学、斯坦福大学和麻省理工学院等高校（Dorfman，1983；Saxenian，1985）。从此，越来越多的研究开始关注高校在区域创新发展过程中所扮演的角色。

一般来说，高校可以通过人才培养、科技出版、专利申请和应用以及传统学术活动四条途径影响区域创新发展。首先，高水平院校意味着能够培养出相对更多的人才，这些人才中大部分都被证明是创新活动的主要生力军（Yang 和 Welch，2012）。同时，每年高等院校毕业生在地区内部和地区间的流动也能够明显加快知识溢出从而促进创新发展。其次，在高校工作和学习的教授、副教授、讲师和研究生等每年都会发表一些学术论文和学术著作，这些科技出版物被他人阅读和引用时就是知识溢出的过程（Cowan 和 Zinovyeva，2013），其中质量较高的那部分还会对学科发展和区域创新有明显促进作用。再次，专利是高校传播知识的另一重要载体（Branstetter 和 Ogura，2005）。高校研发人员不仅会以其先进的知识和技术申请专利，还会通过知识溢出作用促进其他创新主体的技术进步从而申请专利，尤其是目前大多数高校均已开启校企合作模式，这样能够更有效地将专利应用于生产过程，这些均能直接促进当地创新发展（Park 等，2015）。最后，高校会本着知识传播、学术交流的目的不定期地举办学术讲座和论坛等，这些传统学术活动能够为人们提供交流机会，借助这样面对面的交流方式，使前沿知识能够在人群中得以快速传播，最终达到促进区域创新发展的目的。

然而，高校与区域创新的关系还需要大量实证研究来检验。有学者认为，企业不均衡分布于高等院校周边就是高校能够促进创新发展的直观证据（Lin，2015）。同时，亦有文献提出高校与企业之间的合作也会对区域创新有积极作用（Motohashi，2005；Maietta，2015）。例如，美国的硅谷和环波士顿128号公路地区、英国的剑桥科技园以及中国北京的中关村，这些地区之所以能够成为全国创新水平最高的地区，最主要的原因是它们邻近斯坦福、剑桥等高水平院校（Tan，2006；Woodward等，2006；Chen和Kenney，2007）。然而，还有一部分研究认为高校与区域创新之间的关系并不清晰（吴玉鸣，2007；Power和Malmberg，2008；Fallah等，2014；高月姣和吴和成，2015a）。甚至还有学者认为，高校不仅对区域创新没有贡献，反而由于高校重成果轻应用、难以满足社会需求，最终会抑制区域创新的发展（郭国峰等，2007）。

除高校与区域创新的关系仍未达成统一结论外，大部分实证研究还存在忽略区域创新空间依赖作用的问题，从而影响了研究结果的可信度（姚微，2009；张鹏和于伟，2013）。在高校影响区域创新的研究中，理论上研究要素在两两地区之间存在空间相互作用，并且这一作用已在不同尺度的相关研究中得到证实（曾浩，2016；郭泉恩和孙斌栋，2016；李晨等，2017；王俊松等，2017），如果忽略了这一空间作用会导致实证结果产生偏差，因此应当使用能够控制空间依赖作用的空间计量经济模型进行估计。但实际情况是，即使有些研究使用了空间计量模型这一方法，大多也只考虑了一阶空间邻接矩阵下的结果（吴玉鸣，2007；王淑英和秦芳，2015），即地区间存在公共边或公共点则认为这两个地区存在空间相互作用；反之，则没有。很明显，这种对空间关系的设定与现实情况出入较大。也就是说，在考虑了空间依赖作用的实证研究中，大多仅分析了有公共边或公共点的地区间要素的空间依赖作用，却没有考虑地区间其他的空间关系，如即使没有公共边或公共点，但地理距离近的地区之间仍然存在相互影响，而后者的这种空间关系往往更符合实际情况。

基于此，本章以中国地级及以上城市为研究单元，结合2005~2012年的面板数据，使用空间计量经济模型扩展经典知识生产函数，对高校与区域创新的关系进行分析，同时还充分考虑投入要素的滞后性以及地区间不同空间关系对模型回归结果的影响，对两者关系做了进一步的稳健性检验。

4.2　研究方法与数据

考虑到区域要素之间可能存在的空间依赖作用，本章将采用空间计量经济模型进行实证分析。在使用空间计量经济模型前，需要先对区域创新的空间依赖性进行测度，然后对经典知识生产函数进行扩展，再基于空间计量经济模型对上述模型作进一步扩展，最终得到实证模型。

4.2.1　研究方法

（1）空间自相关模型。越来越多的研究开始关注要素在不同地区间的空间依赖性（潘文卿，2012），一般可通过空间自相关模型来检验某一要素的空间依赖性。空间自相关模型包括全局自相关和局部自相关两部分。其中，全局自相关用来检验研究要素在区域内部是否具有集聚特征；局部自相关用来反映在研究区域内部，局部单元的某要素和另一局部单元同一要素的相关程度（徐建华，2005；郭泉恩等，2013）。

全局自相关模型：

$$I = \frac{\sum_{i=1}^{n}\sum_{j=1}^{n} W_{i,j}(x_i - \bar{x})(x_j - \bar{x})}{S^2\sum_{i=1}^{n}\sum_{j=1}^{n} W_{i,j}} \tag{4-1}$$

局部自相关模型：

$$I_i = \frac{(x_i - \bar{x})}{S^2}\sum_{j=1}^{n}(x_j - \bar{x}) \tag{4-2}$$

$$S^2 = \frac{1}{n}\sum_{i=1}^{n}(x_i - \bar{x})^2 \tag{4-3}$$

式中，I 是莫兰值；$W_{i,j}$是空间权重矩阵，表示地区 i 和地区 j 的空间关系；

x_i是 i 地区 x 的值；$\bar{x}$是指标 x 的平均值；S^2是指标 x 的方差；n 是样本量；i 是地区。

这里需要特别说明的是空间权重矩阵 $W_{i,j}$。实际上，空间权重矩阵是空间自相关模型的测度以及后文中将要介绍的空间计量经济模型中的重要部分（龙小宁等，2014；孙久文和姚鹏，2014）。空间权重矩阵刻画的是地区间的空间关系，选择何种矩阵会对模型的回归结果造成一定的影响。传统上，大多文献均采用基于 Rook 规则的一阶空间邻接矩阵，即两个地区拥有公共边则认为这两个地区在空间上存在相互影响；反之，则没有。然而，Anselin 和 Bera（1998）认为设定这种不邻接地区之间不存在相关性的规则会造成损失空间关联性和产生许多"孤岛"等结果。使用这种空间邻接矩阵会大大弱化地区间的空间依赖性（Shang 等，2012），并且与实际情况存在较大出入。因此，为提高模型结果的可信度，除基于 Rook 规则的空间邻接矩阵，本章还将采用基于 K 值最邻近四点的矩阵以及地理距离矩阵。K 值最邻近四点矩阵指的是在给定空间单元周围选择最邻近的 4 个单元来计算 K 值最邻近权值的大小。地理距离矩阵是假定空间效应的强度受地理距离的影响，空间单元之间的地理距离越小，空间效应越强；反之，空间效应则越弱。其中，对于地理距离矩阵，本书还进一步将地理距离的摩擦系数分别设定为 1 和 2，即除了采用地理距离倒数，还采用地理距离倒数的二次项。因此，本章共选用了四种空间权重矩阵，分别是基于 Rook 规则的空间邻接矩阵①、K 值最邻近四点矩阵、地理距离矩阵和地理距离二次项矩阵。受数据限制，本章所涉及的地级及以上城市共 186 个。当在 Geoda 软件中得到后缀为 gal 格式的矩阵后，借助 Java 平台开发工具，最终转化为 Matlab 软件直接可用的后缀为 xls 格式的 186 行 × 186 列矩阵。在进行运算的过程中，将矩阵 $W_{i,j}$ 按行进行归一化处理，目的是去除量纲，这样权重矩阵就只反映空间相关结构（王守坤，2013）。

（2）知识生产函数。知识生产函数最早由 Griliches（1986）提出理论框架，随后 Jaffe（1989）对函数进行了扩展和改进。它是采用柯布－道格拉斯公式的形式，用投入产出的方法研究区域创新活动的模型（Charlot 和 Duranton，2004）。

---

① 尽管海南省与广东省在地理上没有公共边，但在社会和经济等方面联系较为紧密，因此同其他文献做法一样，我们设置海口与湛江的权重值为 1。

其基本假设是将创新水平看作研发资金和人员投入的函数，模型具体如下：

$$Y_i = A_i K_i^{\alpha} L_i^{\beta} e^{\varepsilon_i} \tag{4-4}$$

式中，Y_i为地区 i 的创新水平；A_i为效率项；K_i为资本投入；L_i为劳动力投入；α 和 β 分别为其弹性系数；ε 为随机干扰项，衡量其他未观测到的因素对创新产出的影响。

为研究高校对区域创新的影响，对式（4－4）作进一步扩展，并两边取对数得到：

$$\begin{aligned}\ln Inno_{i,t} = a &+ \beta_1 \ln Unihum_{i,t} + \beta_2 \ln Unicap_{i,t} + \beta_3 \ln Hum_{i,t} + \\ &\beta_4 \ln Industry_{i,t} + \beta_5 \ln Finance_{i,t} + \beta_6 \ln Openness_{i,t} + \\ &\beta_7 \ln Govern_{i,t} + \beta_8 \ln Size_{i,t} + \beta_9 \ln PGDP_{i,t} + \varepsilon_{i,t}\end{aligned} \tag{4-5}$$

式中，$Inno_{i,t}$为区域创新水平；$Unihum_{i,t}$为高校研发人员；$Unicap_{i,t}$为高校研发资金；$Hum_{i,t}$为人力资本；$Industry_{i,t}$为产业结构；$Finance_{i,t}$为金融环境；$Openness_{i,t}$为当地市场开放程度；$Govern_{i,t}$为政府对科教事业的支持力度；$Size_{i,t}$为城市规模；$PGDP_{i,t}$为经济发展水平；ln 为自然对数；ε 为随机误差项；i 为地区；t 为年份。

（3）空间计量经济模型。空间计量经济学是处理相邻区域之间空间相互作用的学科，致力于解决空间依赖和空间异质问题（Elhorst，2014；陈翊和冯云廷，2016）。空间计量经济模型中最常用的是空间滞后模型（Spatial Lag Model，SLM）和空间误差模型（Spatial Error Model，SEM）。

其中，空间滞后模型的形式如下：

$$y_{i,t} = \delta W_{i,j} y_{i,t} + \alpha + \beta x_{i,t} + \varepsilon_{i,t} \tag{4-6}$$

式中，$y_{i,t}$代表被解释变量；$W_{i,j}$是空间权重矩阵；$W_{i,j}y_{i,t}$是被解释变量的空间滞后项；$x_{i,t}$是解释变量；α 是常数项；δ 和 β 是边际系数；ε 是残差项；i 是地区；t 是年份。

空间误差模型的形式如下：

$$y_{i,t} = \alpha + x_{i,t}\beta + \mu_{i,t} \tag{4-7}$$

$$\mu_{i,t} = \lambda W_{i,j} \mu_{i,t} + \varepsilon_{i,t} \tag{4-8}$$

式中，$\mu_{i,t}$是误差项；$W_{i,j}\mu_{i,t}$表示的是空间滞后误差项；其他变量的含义与上式一致。

（4）实证模型。由于变量可能存在空间相互作用，按照空间计量模型中的空间滞后模型对式（4－5）进行扩展，得到：

$$\ln Inno_{i,t} = \alpha + \delta W_{i,j}\ln Inno_{i,t} + \beta_1\ln Unihum_{i,t} + \beta_2\ln Unicap_{i,t} + \beta_3\ln Hum_{i,t} + \beta_4\ln Industry_{i,t} + \beta_5\ln Finance_{i,t} + \beta_6\ln Openness_{i,t} + \beta_7\ln Govern_{i,t} + \beta_8\ln Size_{i,t} + \beta_9\ln PGDP_{i,t} + \varepsilon_{i,t} \tag{4-9}$$

使用空间误差模型对式（4－5）进行扩展，得到：

$$\ln Inno_{i,t} = \alpha + \beta_1\ln Unihum_{i,t} + \beta_2\ln Unicap_{i,t} + \beta_3\ln Hum_{i,t} + \beta_4\ln Industry_{i,t} + \beta_5\ln Finance_{i,t} + \beta_6\ln Openness_{i,t} + \beta_7\ln Govern_{i,t} + \beta_8\ln Size_{i,t} + \beta_9\ln PGDP_{i,t} + \mu_{i,t} \tag{4-10}$$

$$\mu_{i,t} = \lambda W_{i,j}\mu_{i,t} + \varepsilon_{i,t} \tag{4-11}$$

4.2.2 变量与数据说明

接下来，对实证模型中所选取的变量及数据来源进行说明。

（1）被解释变量。创新水平（*Inno*）。对于区域创新的度量，早期文献使用R&D就业或投入来度量创新产出，随后出现使用专利数、风险投资和文献引用等指标（Jaffe，1989）。专利作为创新活动的中间产物，代表先进技术的产生，再加上其数据统计的完整性，适用于长时间序列的研究，得到了大部分研究者的青睐。由于专利授权受人为因素干扰较大，申请的专利本身已经具有一定新颖性和盈利能力。相较于专利授权还需2～3年时间，申请专利更能反映当期的创新活动，因此，选用专利申请数代表创新水平。为消除人口规模的影响，本书最终选用每百万人均拥有专利申请量表示区域创新水平，单位为项/百万人。

（2）解释变量。

第一，高校研发人员（*Unihum*）。研发人员是创新的主要来源，加大高校研发人员投入，一方面可以促进高校的创新发展，另一方面能够通过人才流动、面对面交流促进企业等其他创新主体的创新活动，最终带来区域创新水平的提高。这里以高校教学科研人员中拥有高级职称人员所占比重表示高校研发人员投入，单位为%。

第二，高校研发资金（*Unicap*）。加大高校研发资金投入，能够通过购买更多的科研设备和调动科研人员积极性提高高校的创新效率，同时由于有充足的经费开展学术活动，加快了高校知识的传播，从而促进其他创新主体发展创新，最终高校研发资金投入能够带来区域创新水平的提高。这里用高校科研内部支出占 GDP 比重表示高校研发资金投入，单位为%。

第三，人力资本（*Hum*）。人力资本拥有的先进知识和技术能够促进当地创新发展，还可以通过对国外和国内其他地区先进技术的学习和模仿对区域创新产生积极作用（杨俊等，2007；吴淑娥等，2013）。这里的区域人力资本是以百名中学在校生拥有专任教师数表示，单位为名/百学生。

第四，产业结构（*Industry*）。产业结构的变动会带来生产要素在不同生产部门之间的转移和流动，在此过程中创新要素的空间重置将会带来区域创新水平的变化（王鹏和赵捷，2011）。这里的产业结构以第三产业产值与第二产业产值之比表示。

第五，金融环境（*Finance*）。地区金融环境对企业的影响较大，一般来说，良好的金融环境降低了企业贷款的门槛，对企业的成立和发展有较好的促进作用。因为企业是创新主体之一，利于企业发展的金融环境能够促进区域创新发展（王维等，2014）。这里的金融环境以金融机构贷款额占 GDP 比重表示，单位为%。

第六，当地市场开放程度（*Openness*）。在全球化背景下，各地的市场开放程度代表了对国外先进技术的接收程度，其中开放度越大的地区，受到国外先进技术溢出的机会就越多，这种技术溢出机会是区域创新的重要影响因素（侯润秀和官建成，2006）。当地市场开放程度是以货物进出口总额乘以当年汇率后占 GDP 比重表示，单位为%。

第七，政府对科教事业的支持力度（*Govern*）。政府在区域创新系统中能够通过多种模式参与区域各创新主体的创新发展过程，由于在制度环境中具有重要作用，政府往往被认为是区域创新的重要影响因素（涂成林，2005）。这里以科教事业支出占 GDP 比重表示政府对科教事业的支持力度，单位为%。

第八，城市规模（*Size*）。城市规模会通过影响地区内人员的集聚情况和交流频繁程度带来区域创新水平变化。这里的城市规模用地区年末总人口数表示，单位为万人。

第九，经济发展水平（*PGDP*）。经济发展水平较高的地区能够有更多的资金投入来支持创新研究，同时相较于其他地区，对创新人才和企业的吸引力也更高，因此经济发展水平高的地区一般创新水平也更高。这里用人均 GDP 表示经济发展水平，单位为元/人。

（3）数据来源。由于《高等学校科技统计资料汇编》在 2005 年后才开始公布地级及以上城市高校科技活动的相关数据，因此本章的研究时段从 2005 年开始。其中，《高等学校科技统计资料汇编》中所涉及的高校主要包括“985 工程”和“211 工程”、普通本科和部分专科学校。由于每年统计的专科学校不完全一致，且每年高校名单也会有些许变化，为保证高校名单的统一，本章只统计本科及以上高校的科技活动数据。具体做法是，根据高校名单定位到其所在地级市，然后以地级市名单为参照，将这些高校的科技活动数据进行加和，所得到的数据即代表该地区的高校科技活动情况。由于不同年份的本科及以上高校名单会发生细微变化（如院校合并、升级等），会出现个别城市并非每年都有本科及以上高校的情况，为保证得到的是平衡面板数据，这些城市样本将会被剔除。根据以上规则，最终得到 186 个地级及以上城市共 8 年的面板数据。

本章所涉及的原始数据均来源于国家知识产权局、教育部颁布的《高等学校科技统计资料汇编》（2006 ~ 2013）、《中国城市统计年鉴》（2006 ~ 2013）和《中国区域经济统计年鉴》（2006 ~ 2013）。

由于存在某地级市在某年的专利申请数为零的情况，参照 Wooldridge（2012）的做法，将所有的专利申请数加 1 后再在模型的两边取对数。同时，书中所涉及的代表经济绝对量的数据全部以 2005 年为基期进行了平减。数据的描述性统计结果如表 4 – 1 所示。

表 4 – 1　描述性统计结果

变量	样本量	平均值	标准差	最小值	最大值
Inno	1488	582.600	1713.585	1.567	23532.340
Unihum	1488	34.521	7.303	5.897	62.109
Unicap	1488	0.095	0.185	0	1.854
Hum	1488	6.722	2.057	3.181	31.731

续表

变量	样本量	平均值	标准差	最小值	最大值
Industry	1488	0. 805	0. 356	0. 129	3. 368
Finance	1488	79. 954	51. 481	11. 223	607. 055
Openness	1466	24. 544	42. 497	0. 017	325. 304
Govern	1487	2. 621	1. 143	0. 626	8. 638
Size	1488	520. 531	318. 612	72. 220	3343. 399
PGDP	1488	3. 176	3. 649	0. 348	45. 427
Region	1488	93. 500	53. 711	1	186
Year	1488	2008. 500	2. 292	2005	2012

4.3 描述性分析

4.3.1 高校研发投入的动态变化

从研发人员和研发资金两个方面分析高校研发投入。其中研发人员投入以高校教学科研人员中拥有高级职称人员所占比重表示，研发资金投入用高校科研内部支出占 GDP 比重表示。分析 2005 ~2012 年高校研发投入（人员和资金）平均值的动态演变，如图 4 –1 和图 4 –2 所示。

高校拥有高级职称研发人员所占比重在 2005 年和 2006 年处于 34. 5% 左右，于 2007 年下降至 32. 8%。在之后的 2008 ~2012 年，研发人员投入强度稳步增加，到 2012 年超过 36%。总体来看，2005 ~2012 年高校研发人员投入强度在经过一个小范围下降后，开始呈现出逐年增加的趋势。

与研发人员变动趋势相比，高校研发资金的投入在 2005 ~2012 年则表现较为平稳。2005 ~2008 年高校科研内部支出占 GDP 比重在 0. 08% ~0. 1% 波动，在

2009 年之后，高校研发资金投入一直稳定在 0.1% 左右。

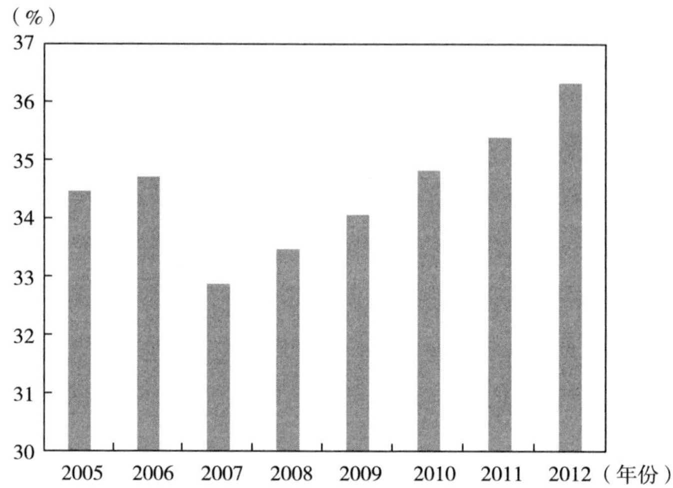

图 4－1　2005～2012 年高校研发人员投入

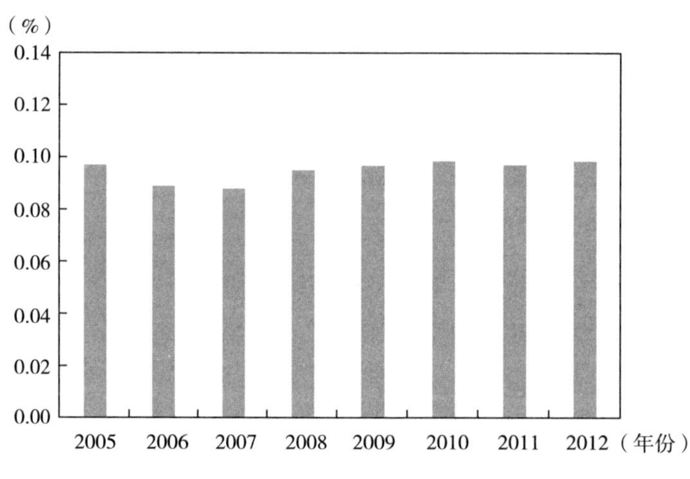

图 4－2　2005～2012 年高校研发资金投入

4.3.2　高校研发投入与区域创新的相关性分析

在研究高校是否对区域创新有影响之前，有必要先对两者的相关性进行分析。从研究时段中选取出 2005 年、2008 年和 2012 年，对不同年份高校研发投入与区域创新水平之间的相关关系进行分析，结果如图 4 -3 和 4 -4 所示。

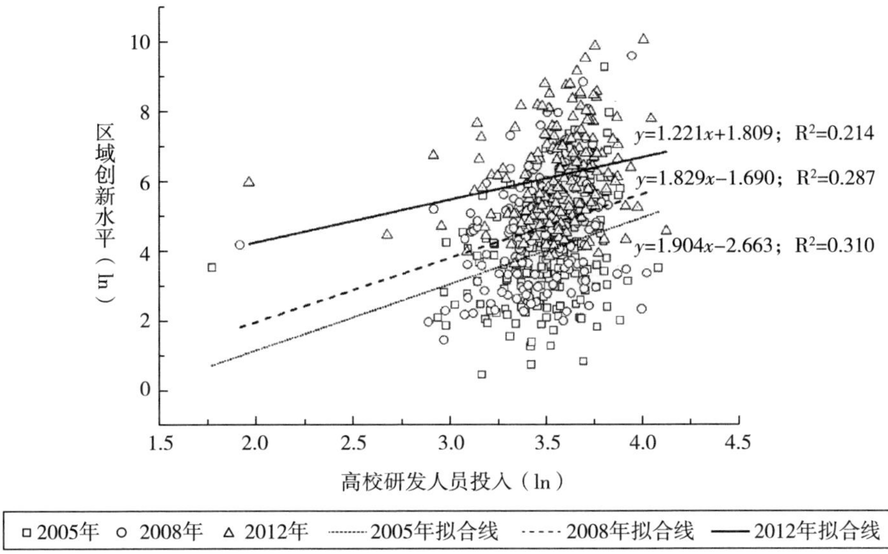

图 4 -3 高校研发人员投入与区域创新水平散点图

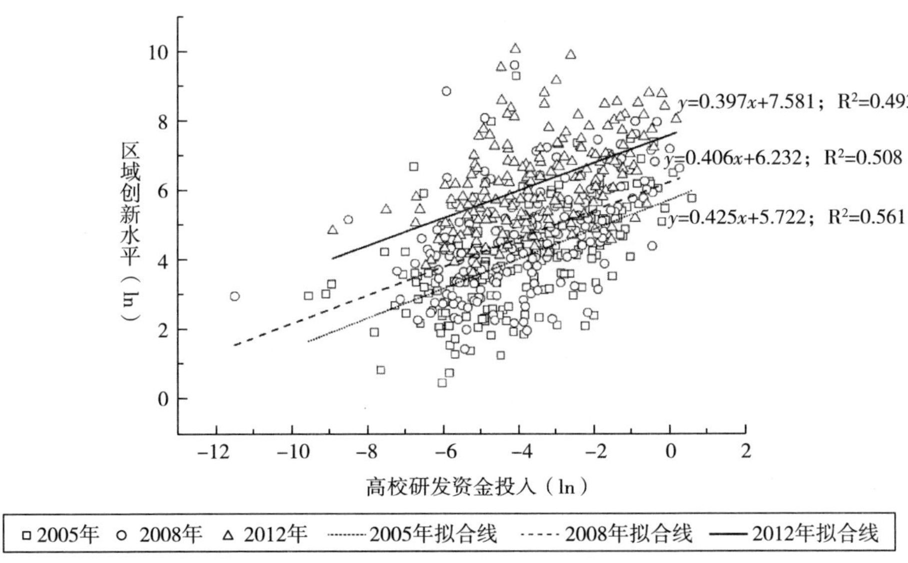

图 4 -4 高校研发资金投入与区域创新水平散点图

由三个时间点的散点图及其拟合线可以看出，2005 年高校研发人员与区域创新之间存在正相关关系（$R^2=0.31$）；到 2008 年，散点图整体向右上方偏移，说明有些城市的高校研发人员投入出现明显增加，且区域创新水平也有所提高，两者之间亦存在正相关关系（$R^2=0.287$）；到 2012 年，散点图明显向右上方向移动，说明区域创新水平和高校研发人员持续增加，两者之间仍存在正相关关系（$R^2=0.214$）。

关注高校研发资金和区域创新的散点图，2005 年高校研发资金与区域创新之间存在明显的正相关关系（$R^2=0.561$）；到 2008 年，两者的散点图同样出现向右上方移动的情况，说明部分城市的高校研发资金投入得到提高，区域创新水平也在增加，两者之间存在正相关关系（$R^2=0.508$）；到 2012 年，散点图出现向上偏移，说明高校研发资金投入增幅不大，而区域创新水平表现出了明显的增加，两者之间存在正相关关系（$R^2=0.493$）。

高校研发投入（人员和资金）与区域创新水平存在明显的正相关关系，但由于区域创新还会受其他因素的影响，简单的相关分析并不能反映真实情况，因此高校是否会对区域创新产生影响还需要进一步的模型检验。

4.4 空间计量模型设定

4.4.1 空间自相关检验

建立空间计量模型的前提是存在空间依赖性（王子敏，2012），因此在建立模型前需要对被解释变量进行空间自相关检验。在软件 Geoda 1.6.6 中对区域创新水平进行全局自相关检验，测度其莫兰值（Moran's I），结果如表 4－2 所示。基于 Rook 规则的空间邻接矩阵（Rook），2005～2012 年，每年区域创新及其平均值均通过了 5% 的显著性水平检验，说明区域创新在地区间存在明显的空间依赖性。将空间矩阵替换成 K 值最邻近四点（K4）和地理距离矩阵（Distance）

时，仍然可以得出区域创新存在空间依赖性的结论。

表4-2 区域创新的全局自相关检验（Permutations：999）

Rook	2005年	2006年	2007年	2008年	2009年	2010年	2011年	2012年	平均值
Moran's I	0.059**	0.223***	0.260***	0.312***	0.347***	0.402***	0.392***	0.412***	0.352***
P值	0.034	0.003	0.001	0.002	0.002	0.001	0.001	0.001	0.001
Z值	2.387	7.062	8.191	8.003	8.108	9.388	8.437	8.976	8.879
K4	2005年	2006年	2007年	2008年	2009年	2010年	2011年	2012年	平均值
Moran's I	0.136***	0.236***	0.263***	0.290***	0.312***	0.362***	0.371***	0.389***	0.332***
P值	0.003	0.001	0.001	0.001	0.001	0.001	0.001	0.001	0.001
Z值	5.616	8.259	8.595	8.602	8.614	9.47	8.791	9.313	9.617
Distance	2005年	2006年	2007年	2008年	2009年	2010年	2011年	2012年	平均值
Moran's I	0.003**	0.006**	0.007**	0.009**	0.010**	0.015**	0.019***	0.023***	0.014***
P值	0.025	0.018	0.014	0.014	0.016	0.010	0.007	0.004	0.009
Z值	2.110	2.621	2.879	2.896	2.723	3.223	3.446	3.979	2.877

注：***表示在0.01水平上显著，**表示在0.05水平上显著。

当使用基于Rook规则的空间邻接矩阵刻画区域间的空间关系时，发现上海、南通、常州、苏州、湖州、嘉兴和绍兴等地属于高高地区。同样地，深圳、东莞、广州、惠州和江门等地亦为高高地区。说明这些地区的创新水平较高，且周边空间邻接地区的创新水平也较高，形成高高集聚。赤峰、榆林、石家庄、邯郸、临汾、长治、重庆、自贡、驻马店、信阳、黄石、九江、南昌、怀化、邵阳、桂林、永州、赣州、百色、柳州和南宁等地为低低地区。意味着这些地区的创新水平较低，且周围地区的创新水平也较低，形成低低集聚。武汉属于高低地区，说明武汉的创新水平较高，但周围地区的创新水平较低。肇庆属于低高地区，说明其创新水平低于周边地区。

当使用K值最邻近四点矩阵刻画地区空间关系时，上海、南通、苏州、常州、湖州、嘉兴和绍兴属于高高地区。同样地，广州、深圳、东莞、惠州和佛山也属于高高地区。长治、驻马店、信阳、庆阳、重庆、宜宾、内江、自贡、怀化、邵阳、桂林和南宁属于低低地区。北京、西安和贵阳属于高低地区，而肇庆属于低高地区。

当使用地理距离矩阵刻画地区间的空间关系时，南京、常州、合肥、芜湖、铜陵、武汉、宁波、湖州、杭州、金华、绍兴、台州、温州、福州、厦门、惠州、广州和东莞等地属于高高地区。赤峰、阜新、承德、张家口、呼和浩特、包头、榆林、临汾、庆阳、咸阳、银川、运城、郑州、平顶山、宝鸡、天水、汉中、绵阳、德阳、南充、乐山、内江、自贡、玉溪和攀枝花等地属于低低地区。沈阳、西安、成都等地属于高低地区。而信阳、六安、孝感、黄冈、安庆、黄山、南昌、上饶、景德镇、三明、抚州、赣州、郴州、韶关、梅州、漳州、泉州、莆田和潮州等地属于低高地区。

全局自相关检验中莫兰值（Moran's I）的检验结果说明区域创新存在明显的空间依赖特征，同时，基于不同规则的空间权重矩阵，区域创新的空间自相关情况会存在较大差别。全局和局部的空间自相关检验不仅验证了使用空间计量经济模型研究高校对区域创新影响的科学性，同时也说明了使用不同规则的空间权重矩阵考察模型结果稳健性的合理性和必要性。

4.4.2 空间计量模型选择

根据 Elhorst（2010）的模型选择规则，先构建无空间效应面板模型，进行拉格朗日乘数（Lagrange Multiplier，LM）检验以确定空间模型的类别，再进行极大似然比（Likelihood Ratio，LR）检验，以确定模型应当采用固定效应还是随机效应。以上过程均在 Matlab 2010b 中实现，结果如表 4－3 和表 4－4 所示。

表 4－3 无空间效应面板模型

变量	混合 OLS 模型 1	空间固定效应 模型 2	时间固定效应 模型 3	双向固定效应 模型 4
ln*Unihum*	0.162 ** (0.032)	0.497 *** (0.000)	0.205 *** (0.005)	0.293 *** (0.000)
ln*Unicap*	0.104 *** (0.000)	0.047 *** (0.000)	0.083 *** (0.000)	−0.004 (0.691)
ln*Hum*	−0.036 (0.693)	0.293 *** (0.000)	−0.124 (0.158)	0.277 *** (0.000)

续表

变量	混合 OLS 模型 1	空间固定效应 模型 2	时间固定效应 模型 3	双向固定效应 模型 4
ln*Industry*	−0.030 (0.580)	−0.120 (0.124)	0.053 (0.307)	−0.276*** (0.000)
ln*Finance*	0.328*** (0.000)	0.506*** (0.000)	0.432*** (0.000)	0.266*** (0.001)
ln*Openness*	0.198*** (0.000)	0.081*** (0.000)	0.250*** (0.000)	0.066*** (0.002)
ln*Govern*	0.177*** (0.000)	0.347*** (0.000)	−0.378*** (0.000)	0.239*** (0.004)
ln*Size*	0.186*** (0.000)	0.539*** (0.002)	0.136*** (0.000)	−0.434** (0.019)
ln*PGDP*	1.556*** (0.000)	1.569*** (0.000)	1.190*** (0.000)	0.325** (0.013)
Constant	0.433 (0.311)			
σ^2	0.422	0.118	0.385	0.102
R^2	0.841	0.806	0.822	0.065
Adjusted R^2	0.840	0.805	0.821	0.060
Log L	−1465	−517.872	−1396	−407.799
LM_ lag	94.357*** (0.000)	280.849*** (0.000)	92.049*** (0.000)	163.615*** (0.000)
LM_ error	296.962*** (0.000)	196.765*** (0.000)	209.470*** (0.000)	162.298*** (0.000)
Robust LM_ lag	9.114*** (0.003)	84.094*** (0.000)	3.038* (0.081)	2.261 (0.133)
Robust LM_ error	211.718*** (0.000)	0.011 (0.918)	120.459*** (0.000)	0.943 (0.331)

注：①***表示在0.01水平上显著，**表示在0.05水平上显著，*表示在0.1水平上显著；②括号中报告的是P值①。

① 在使用Matlab软件对面板数据进行空间计量经济模型检验时，相关代码已对模型结果的输出参数进行了设定，因此在本章模型结果中报告的是P值或t值，而非其他章节所汇报的国内外常用的稳健标准误。

表 4-4 极大似然比检验

LR	检验值	P 值
空间固定效应	1976.484***	0.000
时间固定效应	220.147***	0.000

注：*** 表示在 0.01 水平上显著。

根据 Elhorst（2010）的模型选择规则，在混合 OLS、空间固定效应、时间固定效应和双向固定效应下，以拉格朗日乘数滞后检验（LM_ Lag）、拉格朗日乘数误差检验（LM_ Error）、稳健拉格朗日乘数滞后检验（Robust LM_ Lag）和稳健拉格朗日乘数误差检验（Robust LM_ Error）的结果来判定应该选用空间滞后模型还是空间误差模型。结果表明，模型 1 的检验结果认为空间滞后模型和空间误差模型均合适；模型 2 的结果则认为空间滞后模型更为合适；模型 3 的结果指向空间误差模型；而模型 4 的结果同模型 1 一致，认为两种模型均合适。由于模型检验结果无法明确指向空间滞后模型或空间误差模型中任何一类，因此本书选择控制了因变量空间依赖作用的空间滞后模型（SLM）和控制了误差项空间依赖作用的空间误差模型（SEM）这两种分别对高校与区域创新的关系进行研究①（吴玉鸣和田斌，2012；李志宏等，2013；汪艳等，2016；吴玉鸣和刘鲁艳，2016）。同时，根据表 4-4 的结果，极大似然比（LR）检验拒绝了不存在空间效应和时间效应的原假设，因此最终选择时间和空间双向固定效应进行检验。

4.5 实证结果

4.5.1 基准模型和稳健性检验一：考虑投入要素的滞后性

以基于 Rook 规则空间邻接矩阵的空间滞后模型和空间误差模型作为基准模

① 根据检验结果，本书构建了更一般形式的空间杜宾模型（Spatial Durbin Model，SDM）进行回归，但发现解释变量的空间溢出效果并不理想，因此最终选择使用空间滞后模型（SLM）和空间误差模型（SEM）对模型结果进行估计。

型，同时考虑到研发投入可能存在一定的滞后性（徐盈之和金乃丽，2010），因此将高校研发人员和研发资金分别滞后一期和滞后两期放入模型中，结果如表4-5所示。其中模型1和模型2是基准模型，即假设投入要素对区域创新的影响是当期的；模型3和模型4是考虑当投入要素滞后一期的情况；模型5和模型6是考虑当投入要素滞后两期的情况。

不考虑研发投入要素的滞后性，即模型1和模型2的结果显示，当使用控制了区域创新空间依赖作用的空间滞后模型时，高校研发人员（ln*Unihum*）对区域创新（ln*Inno*）存在正向影响，并通过了1%的显著性水平检验；当使用控制了误差项空间依赖作用的空间误差模型时，高校研发人员（ln*Unihum*）对区域创新（ln*Inno*）同样存在促进作用，且通过了5%的显著性水平检验。

将研发投入要素滞后一期后代入模型，即模型3和模型4的结果显示，空间滞后模型中高校研发人员（ln*Unihum*）与区域创新水平（ln*Inno*）的正相关关系在0.01检验水平上显著，在空间误差模型中，两者的正相关关系同样通过了1%的显著性水平检验。

将研发投入要素滞后两期后代入模型，即模型5和模型6的结果显示，空间滞后模型中高校研发人员（ln*Unihum*）与区域创新（ln*Inno*）的相关系数为0.232，并通过了5%显著性水平检验；高校研发资金（ln*Unicap*）与区域创新（ln*Inno*）的相关系数为0.033，在0.01检验水平上显著。在空间误差模型中，高校研发人员（ln*Unihum*）与区域创新（ln*Inno*）显著正相关，且在5%显著性水平上显著，高校研发资金（ln*Unicap*）也对区域创新（ln*Inno*）有促进作用，系数为0.03，并在1%检验水平上显著。

表4-5 双向固定效应空间模型（基于Rook规则的空间邻接矩阵）

变量	当期		滞后一期		滞后两期	
	SLM	*SEM*	*SLM*	*SEM*	*SLM*	*SEM*
	模型1	模型2	模型3	模型4	模型5	模型6
ln*Unihum*	0.325***	0.210**	0.379***	0.315***	0.232**	0.202**
	(0.001)	(0.012)	(0.000)	(0.000)	(0.032)	(0.036)

续表

变量	当期		滞后一期		滞后两期	
	SLM	SEM	SLM	SEM	SLM	SEM
	模型 1	模型 2	模型 3	模型 4	模型 5	模型 6
ln*Unicap*	-0.003 (0.804)	-0.010 (0.319)	0.018 (0.103)	0.005 (0.593)	0.033 *** (0.002)	0.030 *** (0.001)
ln*Hum*	0.328 *** (0.000)	0.285 *** (0.000)	0.326 *** (0.000)	0.260 *** (0.006)	0.269 *** (0.003)	0.220 ** (0.019)
ln*Industry*	-0.261 *** (0.003)	-0.390 *** (0.000)	-0.353 *** (0.000)	-0.406 *** (0.000)	-0.393 *** (0.000)	-0.426 *** (0.000)
ln*Finance*	0.295 *** (0.001)	0.173 ** (0.031)	0.248 ** (0.011)	0.143 (0.101)	0.277 *** (0.010)	0.211 ** (0.029)
ln*Openness*	0.071 *** (0.004)	0.056 ** (0.014)	0.029 (0.259)	0.019 (0.431)	0.005 (0.856)	0.019 (0.462)
ln*Govern*	0.302 *** (0.002)	0.054 (0.521)	0.337 *** (0.002)	0.079 (0.407)	0.203 * (0.083)	0.051 (0.629)
ln*Size*	-0.321 (0.133)	-0.803 *** (0.000)	0.064 (0.807)	-0.607 ** (0.015)	0.633 ** (0.024)	-0.260 (0.335)
ln*PGDP*	0.358 ** (0.019)	0.207 (0.141)	0.220 (0.188)	0.028 (0.860)	0.271 (0.144)	0.100 (0.577)
$W \times$ ln*Inno*	-0.228 *** (0.000)		-0.228 *** (0.000)		-0.228 *** (0.000)	
spat × *aut.*		0.375 *** (0.000)		0.349 *** (0.000)		0.318 *** (0.000)
σ^2	0.137	0.101	0.124	0.093	0.110	0.086
R^2	0.955	0.961	0.959	0.965	0.963	0.968
Adjusted R^2	0.059	0.055	0.045	0.044	0.049	0.049
Log L	NaN	-331.854	NaN	-221.692	NaN	-125.878

注：①***表示在0.01水平上显著，**表示在0.05水平上显著，*表示在0.1水平上显著；②括号中报告的是P值。

无论是使用控制了区域创新空间依赖作用的空间滞后模型，还是使用控制了误差项空间依赖的空间误差模型，高校对区域创新均存在正向影响。其中，无论考虑研发投入影响是当期，还是滞后期数为一期或两期，高校研发人员（ln*Uni-*

hum）均与区域创新（ln*Inno*）显著正相关，而仅当高校研发资金（ln*Unicap*）滞后两期时，才对区域创新（ln*Inno*）有显著正向影响。

在控制变量中，人力资本（ln*Hum*）对区域创新（ln*Inno*）存在显著正向作用，说明人力资本的提高有利于创新发展。高人力资本的城市通常也是各种人才的集聚地，由于创新主体之一是人才，这类地区的创新水平往往也较高。同时，较高的人力资本意味着资源的配置效率也较高，这些都是高人力资本水平促进区域创新发展的原因。产业结构（ln*Industry*）与区域创新（ln*Inno*）的相关系数为负，第三产业产值与第二产业产值的比值增加不利于区域创新发展，可能的原因是我国当前创新发展还主要停留在依靠第二产业的阶段。

此外，在双向固定效应的空间模型中，高校研发人员（ln*Unihum*）对区域创新（ln*Inno*）的弹性系数是 0. 325；而在非空间模型中，高校研发人员（ln*Unihum*）对区域创新（ln*Inno*）的弹性系数是 0. 293，说明若使用一般计量模型进行回归，高校研发人员对区域创新的作用会被低估 9. 846%。这也证明了使用空间计量经济模型检验高校与区域创新关系的必要性。

4. 5. 2　稳健性检验二：考虑不同空间关系的影响

以上对高校影响区域创新的分析使用的是基于 Rook 规则的一阶空间邻接矩阵。由于在实际情况中，并不是没有公共边的地区之间就不存在影响，因此为检验回归结果的稳健性，本书还选择了 K 值最邻近四点、地理距离和地理距离二次项三种类型的权重矩阵，目的是验证在地区间不同空间关系下，高校对区域创新影响作用的稳健性，结果如表 4 – 6 所示。其中，模型 1 至模型 6 基于 K 值最邻近四点矩阵，模型 7 至模型 12 基于地理距离矩阵，模型 13 至模型 18 基于地理距离二次项矩阵。

在以 K 值最邻近四点矩阵刻画地区空间关系的模型结果中，当不考虑投入要素的滞后性时，无论是使用空间滞后模型还是空间误差模型，高校研发人员（ln*Unihum*）与区域创新（ln*Inno*）的相关系数均为正，且均通过了 5% 的显著性水平检验；将高校研发投入滞后一期后，空间滞后模型和空间误差模型的结果一致，高校研发人员（ln*Unihum*）与区域创新（ln*Inno*）呈正相关，并且均通过了

表 4-6　基于不同空间权重矩阵的双向固定效应模型

K 值最邻近四点矩阵（K4）						
变量	当期		滞后一期		滞后两期	
	SLM	SEM	SLM	SEM	SLM	SEM
	模型 1	模型 2	模型 3	模型 4	模型 5	模型 6
ln*Unihum*	0.209** (0.012)	0.170** (0.040)	0.296*** (0.001)	0.266*** (0.003)	0.184* (0.054)	0.186** (0.049)
ln*Unicap*	-0.005 (0.633)	-0.007 (0.437)	0.012 (0.218)	0.008 (0.411)	0.032*** (0.001)	0.032*** (0.000)
其他控制变量	YES	YES	YES	YES	YES	YES
$W\times\ln Inno$	0.368*** (0.000)		0.349*** (0.000)		0.330*** (0.000)	
spat×aut.		0.397*** (0.000)		0.358*** (0.000)		0.342*** (0.000)
σ^2	0.102	0.101	0.094	0.094	0.086	0.086
R^2	0.966	0.961	0.969	0.965	0.971	0.968
Adjusted R^2	0.062	0.052	0.056	0.043	0.052	0.049
Log L	-335.859	-332.010	-224.427	-225.025	-126.054	-124.230
地理距离矩阵（Distance）						
变量	当期		滞后一期		滞后两期	
	SLM	SEM	SLM	SEM	SLM	SEM
	模型 7	模型 8	模型 9	模型 10	模型 11	模型 12
ln*Unihum*	0.230*** (0.006)	0.203** (0.016)	0.312*** (0.000)	0.293*** (0.001)	0.183* (0.055)	0.173* (0.071)
ln*Unicap*	-0.005 (0.604)	-0.006 (0.528)	0.012 (0.224)	0.010 (0.287)	0.030*** (0.001)	0.030*** (0.002)
其他控制变量	YES	YES	YES	YES	YES	YES
$W\times\ln Inno$	0.949*** (0.000)		0.945*** (0.000)		0.938*** (0.000)	
spat×aut.		0.945*** (0.000)		0.937*** (0.000)		0.936*** (0.000)
σ^2	0.102	0.103	0.094	0.094	0.086	0.087
R^2	0.966	0.962	0.969	0.965	0.971	0.968
Adjusted R^2	0.046	0.059	0.044	0.049	0.048	0.051
Log L	-334.013	-335.026	-220.097	-222.303	-125.496	-126.430

续表

地理距离二次项矩阵（$Distance^2$）						
变量	当期		滞后一期		滞后两期	
	SLM	SEM	SLM	SEM	SLM	SEM
	模型 13	模型 14	模型 15	模型 16	模型 17	模型 18
ln*Unihum*	0.173 ** (0.033)	0.136 * (0.088)	0.281 *** (0.001)	0.248 *** (0.004)	0.170 * (0.069)	0.153 * (0.095)
ln*Unicap*	-0.004 (0.655)	-0.006 (0.494)	0.010 (0.294)	0.008 (0.411)	0.030 *** (0.001)	0.030 *** (0.001)
其他控制变量	YES	YES	YES	YES	YES	YES
W×ln*Inno*	0.761 *** (0.000)		0.739 *** (0.000)		0.706 *** (0.000)	
spat×*aut.*		0.802 *** (0.000)		0.777 *** (0.000)		0.746 *** (0.000)
σ^2	0.096	0.094	0.088	0.088	0.082	0.081
R^2	0.968	0.961	0.971	0.964	0.973	0.968
Adjusted R^2	0.049	0.048	0.057	0.038	0.050	0.040
Log L	-299.370	-289.024	-193.444	-191.495	-105.585	-102.284

注：①***表示在 0.01 水平上显著，**表示在 0.05 水平上显著，*表示在 0.1 水平上显著。②括号中报告的是 P 值。③表格中只汇报了高校研发人员和研发资金投入的系数和 P 值。其他加入的控制变量还包括人力资本、产业结构、金融环境、当地市场开放程度、政府对科教事业的支持力度、城市规模、经济发展水平。

1%的显著性水平检验；将高校研发投入滞后两期后，空间滞后模型和空间误差模型的结果均表明，高校研发人员（ln*Unihum*）与区域创新显著正相关，高校研发资金（ln*Unicap*）与区域创新（ln*Inno*）的相关系数为正，且在 0.01 的水平上显著。

当选择以地理距离矩阵反映地区空间关系时，考虑了区域创新空间依赖作用的空间滞后模型和控制了误差项空间相关作用的空间误差模型的回归结果一致。当不考虑创新投入要素的滞后性时，仅高校研发人员投入（ln*Unihum*）与区域创新（ln*Inno*）之间存在正相关关系；当考虑创新投入要素滞后期为一年时，与以上结论相一致；而当滞后期为两年时，高校研发人员（ln*Unihum*）和高校研发资金（ln*Unicap*）均对区域创新（ln*Inno*）有正向促进作用。

当选择地理距离二次项矩阵作为空间关系矩阵时，以上结论仍然成立。当不考虑投入要素的滞后性时，高校研发人员（ln*Unihum*）与区域创新（ln*Inno*）的相关系数是显著为正；将投入要素滞后期设定为一年时，高校研发人员（ln*Unihum*）对区域创新（ln*Inno*）仍然存在正向促进作用；当投入要素滞后期设定为两年时，高校研发人员（ln*Unihum*）和高校研发资金（ln*Unicap*）均与区域创新（ln*Inno*）显著正相关。

对以上模型结果的分析表明，无论是使用K值最邻近四点矩阵还是地理距离矩阵（摩擦系数分别取1和2），高校研发人员和研发资金投入与区域创新关系的回归结果，均与使用基于Rook规则的空间邻接矩阵的结果一致。当投入要素对区域创新（ln*Inno*）的影响是当期或滞后一期时，仅高校研发人员（ln*Unihum*）与区域创新（ln*Inno*）显著正相关；当投入要素的滞后期为两年时，高校研发人员（ln*Unihum*）和高校研发资金（ln*Unicap*）均对区域创新（ln*Inno*）有正向作用。

此外，本书还关心区域创新（ln*Inno*）在空间上的溢出效应。尽管选择基于Rook规则的空间邻接矩阵刻画地区间关系时，区域创新的空间溢出为负，但当选择K值最邻近四点、地理距离矩阵和地理距离二次项矩阵时，区域创新（ln*Inno*）的空间溢出均为正。其中，在使用K值最邻近四点矩阵时，区域创新（ln*Inno*）的空间溢出系数取值范围在0.330～0.368；在使用地理距离矩阵时，区域创新（ln*Inno*）的空间溢出系数取值在0.938～0.949；在使用地理距离二次项矩阵时，区域创新（ln*Inno*）的空间溢出系数取值在0.706～0.761。由于基于Rook规则的空间邻接矩阵认为地区之间存在公共边则意味着两者存在相互影响，反之，则没有。而K值最邻近四点反映的是区域周围最邻近的四个单元之间存在相互影响；地理距离矩阵反映的是地区间相互作用随着地理距离的扩大而衰弱；地理距离二次项矩阵则是在地理距离矩阵的基础上将距离衰减作用的程度加大。在实际情况下，空间邻接矩阵并不能很好地刻画地区间的空间关系，如北京和山东在空间上没有公共边，但不能说北京对山东没有影响，相反，山东在经济、文化和社会等方面都已受到北京深刻影响。因此，在区域创新的空间溢出结果上，本书更愿意相信基于K值最邻近四点矩阵和地理距离矩阵的结果，即区域创新在地级及以上城市之间存在正向溢出作用。

4.6 本章小结

基于2005～2012年中国地级及以上城市的面板数据，本章从高校研发人员和研发资金两个方面考察了高校对区域创新的影响。具体地，首先，对高校研发的动态变化进行描述性分析；其次，选取2005年、2009年和2012年这三个年份依次分析高校研发人员、研发资金与区域创新的相关关系；再次，在对变量进行空间自相关检验后，根据拉格朗日乘数检验结果对应该采用哪种类型的空间计量模型进行了讨论；复次，基于Rook规则的一阶空间邻接矩阵，使用空间滞后模型和空间误差模型分别对高校与区域创新的关系进行了回归分析；最后，考虑到研发投入要素可能存在的滞后性以及地区间不同空间关系对研究结果的影响，分别将高校研发人员投入和研发资金投入滞后一期和二期，并基于不同规则的空间权重矩阵（K值最邻近四点矩阵、地理距离矩阵和地理距离二次项矩阵）对研究结果的稳健性进行了检验。

本章的主要结论有以下四点：

（1）高校研发人员投入总体增加，研发资金投入则保持平稳。以高级职称研发人员比重表示的高校研发人员投入在2005年和2006年处于34.5%左右，于2007年出现小幅度下降，之后一直处于比重逐渐增加的状态，到2012年已经超过36%。与研发人员的变化规律不同，以高校研发经费内部支出占GDP比重表示的高校研发资金在2005～2012年总体变化不大，其中在2005～2008年保持在0.08%～0.1%波动，在2009年之后稳定在0.1%左右。

（2）高校研发人员和研发资金与区域创新之间均存在正相关关系。2005～2012年，高校研发人员与区域创新的散点图向右上方移动较为明显，说明两者的水平均有较大提高，且其相关系数取值范围在1.221～1.904。2008年高校研发资金与区域创新的散点图较2005年有向右上方移动的变化，说明部分城市的高校研发资金得到提高，同时区域创新水平也有所提高。2012年散点图向上偏移，说明尽管高校研发资金投入的增幅不多，但区域创新水平有明显提升。

2005～2012年两者的相关系数取值范围在0.397～0.425。

（3）高校研发有利于提高区域创新水平，其中研发资金的影响存在滞后。无论假设投入要素的影响是当期还是存在滞后，高校研发人员对区域创新均存在较为明显的正向促进作用，而仅当投入要素的滞后期设定为两年时，高校研发资金对区域创新的正向影响才通过显著性检验。高校研发人员和研发资金投入的增加均能促进区域创新水平的提高。其中，高校研发人员对区域创新的作用表现在当期，而研发资金对区域创新的影响存在滞后性。

（4）创新在地级及以上城市之间存在正向溢出。空间邻接矩阵对地区空间关系的定义与实际情况出入较大，相比之下K值最邻近四点、地理距离矩阵和地理距离二次项矩阵能够更为贴切地刻画地区间的空间关系，因此基于这些空间权重矩阵对区域创新溢出作用的检验结果更符合现实。当分别基于K值最邻近四点、地理距离矩阵和地理距离二次项矩阵这三种不同规则的空间权重矩阵来研究高校对区域创新的影响时，区域创新的空间溢出效果均为正向，即本地区创新发展能够带来其他相邻地区创新水平的提高。

5 区域创新影响收入差距的城市样本检验

本章和第 6 章将重点关注区域创新的绩效问题。创新发展除了对地区的经济增长有促进作用外，还会影响社会发展和个人生活。其中，关于创新对经济增长的影响的研究已经很多，本书主要关注创新对个人收入分配的影响。中国的收入分配矛盾由来已久，收入差距问题严峻。在国家和地区政府大力呼吁和强调发展创新的时代背景下，创新是否会对收入差距产生影响？是会造成矛盾进一步激化，还是会为解决这一问题带来新的思路？这些都值得关注和研究。因此，第 5 章和第 6 章将从收入差距角度研究区域创新的绩效问题，其中第 5 章是基于城市层面分析区域创新与收入差距的关系，第 6 章将从微观个体层面检验区域创新如何影响不同类型劳动力的收入从而造成收入差距变化。

基于 2004 ~ 2012 年中国地级及以上城市的面板数据，本章以 Murphy 等（1998）的劳动力相对需求模型为基础进行扩展，构建计量经济模型以分析区域创新对收入差距的影响，并使用面板门槛效应模型和异质性检验等方法对模型的回归结果进行一系列稳健性检验。本书以异质性更小的地级及以上城市为研究单元，打破了中国整体范围的创新研究大多是以省域为尺度的局面；在研究的过程中，试图证明区域创新与收入差距之间存在非线性关系，同时检验经济发展水平是否对两者关系存在门槛效应。

5.1 引言

近几十年来，创新被认为是经济增长的重要驱动力之一（Romer，1990；Pianta 和 Tancioni，2008），它会带来生产率的提高以及新产品和新生产部门的出现。与此同时，创新也会影响收入分配（Castellacci，2011）。Florida（2007）发现美国创新水平高的城市同时也面临着严峻的收入不平等。创新发展增加了高技能劳动力的收入，而和这些高技能劳动力居住或工作在同一个社区的低技能劳动力，他们的收入却没有得到任何提高。创新发展带来的技术进步不可避免地增加了对高技能劳动力的需求，导致技能溢价提高，最终造成收入差距扩大。反过来，高的技能溢价进一步吸引了其他地区高技能劳动力的迁入，因此造成劳动力迁入地区的收入不平等问题越发严重（Florida，2005，2007）。在许多情况下，低技能劳动力不得不面临收入下降甚至失业等问题（Goldin 和 Katz，1998）。Castellacci（2011）更是直接指出，创新就是收入差距扩大的直接原因。与此同时，创新发展导致收入差距扩大这一观点也得到了一些关于美国、欧洲地区实证研究的支持（Faggio 等，2010；Weiss 和 Garloff，2011；Breau 等，2014）。

然而，有一些研究者的观点却不同，他们认为创新能够缓和收入不平等程度。一方面，高技能劳动力会帮助低技能劳动力挖掘和应用他们的创新能力，从而使部分低技能劳动力能够参与更高级的工作和获得更高的收入，最终缩小收入差距。这一作用对低技能劳动力中有较好天赋或学习能力较强的那部分人群更为明显（Florida，2007；Donegan 和 Lowe，2008）。另一方面，创新发展并不总是意味着对高级技术的需求。有些创新会使之前复杂的工作被分解为一些简单步骤。这些被分解的工作因为不那么依赖高级技术，从而能轻易地被低技能劳动力完成，这样低技能劳动力不仅不会失业，反而由于生产率的提高获得了更高的收入，因此收入分配矛盾得到缓和（Braverman，1998）。一些实证研究也同样证实了创新能够缩小收入差距这一观点（Antonelli 和 Gehringer，2013；Hopkin 等，2014）。因此，有些研究者甚至提出创新是收入不平等的解决方法之一（Maliszewski，2003；Mccann，2007；Donegan 和 Lowe，2008）。

目前，创新影响收入差距的相关研究大多是以发达国家或地区为研究范围，对中国的研究则较少，为数不多的几篇文献的结论也不尽相同。如 Liu 和 Lawell（2015）基于 1995～2011 年中国省域面板数据，发现当以城乡居民收入之比表示收入差距时，创新与收入差距两者之间呈 U 形关系，而以高技能劳动力比重表示收入不平等时，创新与收入差距两者之间的关系呈倒 U 形；李政和杨思莹（2016）同样基于中国省域面板数据，却得出创新与收入差距有明显正相关关系的结论，提出国家创新驱动发展战略的实施需注意确保城乡之间协调发展。总之，中国区域创新与收入差距的关系还没有统一结论，且全国范围的实证研究大多都是以异质性较大的省域为研究单元的。

中国的创新发展已取得阶段性成果，目前已经形成创新网络（原长弘和贾一伟，2003；Li 等，2015），国家"十三五"规划中也明确提出将创新作为发展目标之一。与此同时，世界银行数据表明中国的收入不平等问题早在 20 世纪 70 年代就已经存在，基尼系数在 21 世纪初期便超过了国际警戒线（Han 等，2012；Appleton 等，2014）。这说明中国在积极发展创新的同时也面临着收入分配矛盾明显的问题。那么，在中国政府大力支持和呼吁创新发展的时代背景下，创新是会缓解收入差距还是会让收入分配矛盾加剧，是一个关乎社会公平正义和创新可持续发展的重大问题。因此，研究创新如何影响收入差距具有一定的理论和现实意义。

基于此，本章以中国地级及以上城市为研究单元，基于 2004～2012 年共 9 年的面板数据，首先从全国以及东部、东北、中部和西部四大地区这两个范围分析收入差距随时间演变的趋势；其次构建计量经济模型并对区域创新与收入差距的关系进行了检验；最后使用面板门槛效应模型和异质性检验方法对两者关系进行稳健性检验。

5.2 理论模型

模型设定之前，本书假定劳动力分为高技能劳动力（H）和低技能劳动力

(L) 两种。他们对工厂进行无弹性供应，同时劳动力市场是完全竞争的。由于关心的是创新对收入差距的影响，因此假设创新是外生的。创新在时间 t 发生，A_t和 B_t则分别表示在时间 t 影响高技能劳动力（H）生产率和低技能劳动力（L）生产率的创新发展，A_t/B_t的数值越大则说明创新发展越偏向高技能劳动力。以 Murphy 等（1998）的劳动力相对需求模型为基础进行扩展，包含劳动力总量（H 和 L）和资本投入（K）的柯布－道格拉斯方程如下：

$$
\begin{aligned}
Y &= F(K,\ H,\ L,\ t) \\
&= K^{\gamma}\left[\alpha(A_tH)^{\frac{\beta-1}{\beta}} + (1-\alpha)(B_tL)^{\frac{\beta-1}{\beta}}\right]^{\frac{(1-\gamma)\beta}{\beta-1}}
\end{aligned} \tag{5-1}
$$

式中，Y 是在 t 时间资本和劳动力条件下的最大产出；K 是资本投入；α 是分配参数，取值范围为 0～1，代表生产要素的密集度；β 是高技能劳动力与低技能劳动力之间的替代弹性，当 $0<\beta<1$ 时，高技能劳动力和低技能劳动力之间是互补关系，而当 $\beta>1$ 时，表明高技能劳动力与低技能劳动力之间是替代关系，在本模型中假设 $\beta>1$。

在完全竞争的劳动力市场，劳动力的收入等于他们各自的边际产出，那么，高技能劳动力（H）的收入为：

$$
\begin{aligned}
W_{(H)} &= \frac{\alpha\ (A_tH_t)^{\frac{\beta-1}{\beta}}}{H_t} \\
&= \alpha(A_t^{\frac{\beta-1}{\beta}})H_t^{-\frac{1}{\beta}}
\end{aligned} \tag{5-2}
$$

同样地，低技能劳动力（L）的收入为：

$$
\begin{aligned}
W_{(L)} &= \frac{(1-\alpha)(B_tL_t)^{\frac{\beta-1}{\beta}}}{L_t} \\
&= (1-\alpha)(B_t^{\frac{\beta-1}{\beta}})L_t^{-\frac{1}{\beta}}
\end{aligned} \tag{5-3}
$$

则高技能劳动力和低技能劳动力之间的收入差距（w）为：

$$
\begin{aligned}
w &= \frac{W_{(H)}}{W_{(L)}} \\
&= \frac{\alpha}{1-\alpha}\left(\frac{A_t}{B_t}\right)^{\frac{\beta-1}{\beta}}\left(\frac{H_t}{L_t}\right)^{-\frac{1}{\beta}}
\end{aligned} \tag{5-4}
$$

两边同时取对数：

$$
\ln w = C + \frac{\beta-1}{\beta}\ln\left(\frac{A_t}{B_t}\right) - \frac{1}{\beta}\ln\left(\frac{H_t}{L_t}\right) \tag{5-5}
$$

式中，A_t/B_t是劳动力的相对创新水平；H_t/L_t是劳动力的相对供应；C 是常数项。A_t/B_t的系数表示当劳动力相对供应不变时，劳动力的相对创新水平与收入差距之间呈正相关关系；H_t/L_t的系数表示当相对创新水平不变时，劳动力的相对供应与收入差距之间呈负相关关系。具体如图 5－1 所示，当劳动力的相对供给不变时，相对创新水平提高，收入差距从 w'_{t+1}变化为 w''_{t+1}（$w'_{t+1} < w''_{t+1}$）；当相对创新水平不变时，劳动力相对供给水平提高，收入差距从 w_t变化为 w'_{t+1}（$w_t > w'_{t+1}$）。

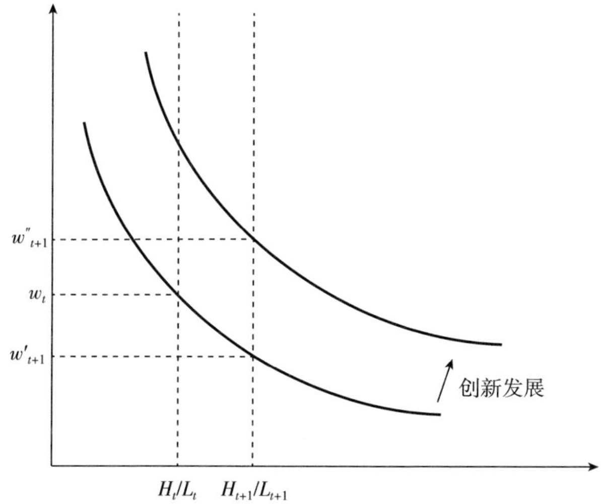

图 5－1　收入差距随劳动力供应的变化

资料来源：参考 Acemoglu（2002）、陆雪琴和文雁兵（2013）绘制。

由于劳动力相对创新水平的变化主要来源于创新发展和对外开放（梁滢和李金玲，2013），因此 A_t/B_t 可以进一步分解为创新水平（*Inno*）和开放度（*Openness*）。H_t/L_t 表示的是高技能劳动力和低技能劳动力的相对供应量，本章使用人力资本（*Hum*）代表劳动力的相对供应（梁滢和李金玲，2013）。因此，式（5－5）可扩展为：

$$\ln Inequ_{i,t} = \alpha + \beta_1 \ln Inno_{i,t} + \beta_2 \ln Openness_{i,t} + \beta_3 \ln Hum_{i,t} + \varepsilon_{i,t} \quad (5-6)$$

式中，$Inequ_{i,t}$是收入差距；$Inno_{i,t}$表示创新水平；$Openness_{i,t}$是开放度；$Hum_{i,t}$

是人力资本；ε 是残差；i 是地区；t 是年份。

5.3 研究方法与数据

5.3.1 实证模型的构建

以上内容从理论角度分析了创新发展如何引起收入差距变化。然而在经济发展的实际过程中，除创新（*Inno*）、对外开放（*Openness*）和人力资本（*Hum*）外，还有其他因素会造成收入差距变化。如程开明（2011）利用城市面板数据，验证了城市规模和经济发展水平均会对收入差距产生影响；伍其亮等（2015）从投资倾向的角度证明经济发展水平和第一产业比重能够缩小收入差距；郑万吉和叶阿忠（2015）分析了产业结构升级和经济发展水平对收入差距的影响。

因此，对式（5－6）作进一步扩展：

$$\ln Inequ_{i,t} = \alpha + \beta_1 \ln Inno_{i,t} + \beta_2 \ln IndustUpg_{i,t} + \beta_3 \ln Pri\,Indust_{i,t} + \beta_4 \ln Openness_{i,t} + \beta_5 \ln Hum_{i,t} + \beta_6 \ln PGDP_{i,t} + \beta_7 \ln Size_{i,t} + \varepsilon_{i,t} \quad (5-7)$$

式中，$Inequ_{i,t}$是收入差距；$Inno_{i,t}$是创新水平；$IndustUpg_{i,t}$是产业结构升级程度；$PriIndust_{i,t}$是第一产业发展情况；$Openness_{i,t}$是市场开放度；$Hum_{i,t}$是人力资本；$PGDP_{i,t}$是经济发展水平；$Size_{i,t}$是城市规模；ln 是自然对数；i 是地区；t 是年份。

考虑到创新发展可以提高高技能劳动力的收入，对于低技能劳动力的收入，既有因为高技能劳动力的知识溢出、创新简化工作程序而增加对低技能劳动力需求带来的促进作用（Florida，2007；Lee，2011），又有在劳动力市场被高技能劳动力取代导致失业所带来的负面作用（Nahuis，2004；陈雪梅和叶宇平，2014），并且这些作用不一定同时发生。因此，本书假设创新与收入差距之间可能并非简单的线性关系，而是非线性关系。为验证这一假设，在式（5－7）中加入创新水平的二次项（$Inno^2$）：

$$\ln Inequ_{i,t}=\alpha+\beta_1\ln Inno_{i,t}+\beta_2\ln Inno_{i,t}^2+\beta_3\ln IndustUpg_{i,t}+\beta_4\ln PriIndust_{i,t}+\beta_5\ln Openness_{i,t}+\beta_6\ln Hum_{i,t}+\beta_7\ln PGDP_{i,t}+\beta_8\ln Size_{i,t}+\varepsilon_{i,t} \quad (5-8)$$

式中，创新水平（$Inno_{i,t}$）的系数 β_1 及其二次项的系数 β_2 表示的是创新对收入差距的作用。如果 β_1 和 β_2 均显著为正（或负），说明创新与收入差距之间存在非线性关系。

为进一步验证两者间非线性关系的稳健性，接下来运用面板门槛模型（Panel Threshold Model）进行检验，力求从多实证角度对创新与收入差距的关系进行识别。门槛模型是为了避免人为分组主观性带来的偏差，由数据根据其自身特征进行内部分组，其门槛数量和门槛值均由数据内生决定。因此，遵循 Hansen（1999）的研究，基于式（5-8）构建的单一门槛模型如下：

$$\ln Inequ_{i,t}=\alpha+\theta'X_{i,t}+\beta_1\ln Inno_{i,t}I[\ln g_{i,t}\leqslant\gamma]+\beta_2\ln Inno_{i,t}I[\ln g_{i,t}>\gamma]+\varepsilon_{i,t} \quad (5-9)$$

式中，$X_{i,t}$是其他控制变量；$g_{i,t}$是门槛变量；γ 是单一门槛的估计值。

而在大多数实证研究中，门槛变量一般不止一个，得到进一步扩展的双重门槛模型，形式如下：

$$\ln Inequ_{i,t}=\alpha+\theta'X_{i,t}+\beta_1\ln Inno_{i,t}I[\ln g_{i,t}\leqslant\gamma_1]+\beta_2\ln Inno_{i,t}I[\gamma_1<\ln g_{i,t}\leqslant\gamma_2]+\beta_3\ln Inno_{i,t}I[\ln g_{i,t}>\gamma_2]+\varepsilon_{i,t} \quad (5-10)$$

式中，γ_1 是第一个门槛的估计值；γ_2 是第二个门槛的估计值。

多重门槛模型的形式以此类推，在此不赘述。

5.3.2 变量与数据来源

接下来，对实证模型中所选取的变量及数据来源进行说明。

（1）被解释变量：收入差距（*Inequ*）。由于受数据限制，无法得到城市中每位居民的收入数据，因此以基尼系数或泰尔系数表示收入差距并不适用于本书的研究。参照 Wei 和 Wu（2001）、江海潮和张彬（2008）、雷欣等（2014）、Liu 和 Lawell（2015）等的研究，本章最终以城乡收入差距表示整体收入差距。原因如下：全国收入差距可以分为城乡收入差距、城市（这里指市区）收入差距和农村收入差距三个部分（Wan 和 Zhou，2004；李实和岳希明，2004）。大量研究发现，城乡收入差距是中国收入差距的主要来源（陆铭和陈钊，2004；Xie 和 Zhou，2014）。世界银行数据也表明中国城乡收入差距能够解释整体收入差距 50% 的变化（Bank，1997），周云波（2010）的研究则证明城乡之间的收入差距能够解释整体差距的 74%。无论比例大小如何，均说明以城乡收入差距表示收入差距具有一定的可靠性。因此，本书最终参考 Wei 和 Wu（2001）的研究，以城市居民人均可支配收入与农村居民人均纯收入之比作为收入差距的度量指标之一，记为 $Inequ_1$。同时，参考林宏和陈广汉（2004）对居民收入差距测度方法的研究，本书还选用城乡居民收入的平均变异系数来表示城乡收入差距，即城乡居民收入的绝对差距与区域整体人均收入之比。其中，区域整体人均收入的计算参照周云波等（2010）的研究，以各区域城市和农村人口所占比重为权重，对各地区城市居民人均可支配收入和农村居民人均纯收入数据进行加权得到，最终城乡居民收入之差与区域人均收入之比记为 $Inequ_2$。

（2）解释变量。

第一，创新水平（*Inno*）。专利是创新过程的中间产物，代表了先进技术的产生，加上其数据统计的完整性，适用于长时间序列的研究，以专利表示创新水平得到了大部分研究者的青睐。Acs 等（2002）、苗妙和魏建（2014）的研究也证明专利是创新水平一个相对科学的度量指标。由于专利授权会不可避免地受到人为因素的干扰，专利无论授权与否都代表了其新颖性和盈利性。相较于专利授权还需 2 ~ 3 年时间，申请专利更能反映当期的创新活动，因此大多数研究都使用专利申请数表示创新水平。参考 Bilbao - Osorio 和 Rodríguez - Pose（2004）的研究，同时为消除人口规模对专利申请数的影响，使用每百万人均拥有专利申请数作为创新水平的代理变量，单位为项/百万人。

第二，产业结构升级程度（*IndustUpg*）。产业结构升级是由第二产业向第三产业过渡的过程，会通过增加非农部门的收入扩大收入差距（李政和杨思莹，2016）。同时，产业结构的变化也从侧面反映了城市化水平。城市化水平较高的城市吸引了更多的高技能劳动力迁入，从而扩大了收入不平等。以第三产业产值与第二产业产值之比代表产业结构升级。

第三，第一产业的发展情况（*PriIndust*）。第一产业主要指的是农、林、牧、渔业，而从事第一产业的大多是低技能劳动力。第一产业的发展水平高，意味着这部分劳动力的收入会有所提高，从而收入差距能在一定程度上得到缩小（武小龙和刘祖云，2013）。这里用第一产业产值占 GDP 比重表示第一产业发展情况，单位为%。

第四，开放度（*Openness*）。开放的市场有利于吸引外资和学习先进技术知识。一方面，外资投入能够促进经济发展，高技能劳动力和低技能劳动力的收入均会有所提高；另一方面，由于高技能劳动力的正向溢出作用，部分低技能劳动力同样能够掌握先进技术从而提高收入。因此，开放的市场会缓和收入差距。本章中的市场开放度用货物进出口总额乘以当年汇率后占 GDP 比重表示，单位为%。

第五，人力资本（*Hum*）。人力资本在劳动力市场中的意义在于有利于企业家才能的增加，从而提升资源配置效率，提高劳动力的平均工资（郭剑雄，2005）。另外，人力资本的提高能够增加劳动力尤其是低技能劳动力的就业机会，其生产技能同时也能得到提高，使他们的收入增加，从而收入差距得到缓解。本章使用百名中学在校生拥有专任教师数表示人力资本，单位为名/百学生。

第六，经济发展水平（*PGDP*）。经济发展水平较高城市的平均收入水平会高于其他城市，其工资待遇和福利也会明显优于其他经济发展水平较低的城市，因此在经济较好的城市，劳动力的收入差距会相对缓和（Afridi 等，2015）。在本章中，以人均 GDP 代表经济发展水平，单位为元/人。为消除价格因素的影响，在计算前将人均 GDP 以 2004 年为基期进行平减。

第七，城市规模（*Size*）。规模较大的城市有利于劳动力之间的交流和相互学习，从而自然而然地产生知识溢出。这为低技能劳动力提供了较好的机会，有利于这部分人群尤其是具有较好创新天赋和较强学习能力的低技能劳动力，受到高技能劳动力的正向溢出，从而使收入水平得到提高，缓和了两者之间的收入差距（Glaeser 等，2009）。在这里，以城市年末总人口数表示城市规模，单位为万人。

（3）数据来源和研究时段。

本章所使用的原始数据全部来源于国家知识产权局、《中国城市统计年鉴》（2005～2013）、《中国区域经济统计年鉴》（2005～2013）和《中国县域统计年鉴》（2005～2013）。

由于中国地级及以上城市的数量和行政区范围到 2004 年才趋于稳定，因此选择2004年作为本书研究的起始年份。同时，《中国县域统计年鉴》自2013年起就不再统计农村人口数据，导致无法计算得到2013年城乡收入差距的另一代理变量（$Inequ_2$），因此本书将研究时间范围最终确定为2004～2012年。研究样本包括中国288个地级及以上城市，拉萨市、台湾地区、澳门地区和香港地区由于相关数据缺失严重，故从样本中删去。

考虑到存在某年某地级市的专利申请数为零的情况，参照Wooldridge（2012）的做法，将所有专利申请数加1后再对模型两边的变量取对数。数据的描述性统计结果和变量的预期符号分别如表5－1和表5－2所示。

表5－1　描述性统计结果

变量	样本量	平均值	标准差	最小值	最大值
$Inequ_1$	2551	2.748	0.666	1.296	6.885
$Inequ_2$	2454	1.068	0.407	0.248	3.996
Inno	2592	424.087	1415.932	0	23532.300
IndustUpg	2592	0.799	0.388	0.059	3.368
PriIndust	2590	15.235	9.289	0.049	49.890
Openness	2495	22.178	41.183	0.003	462.178
Hum	2592	6.544	2.266	2.541	32.124
PGDP	2591	27678.160	33155.380	2123	454271.400
Size	2592	428.992	300.871	16.76	3343.400
Region	2592	144.500	83.154	1	288
Year	2592	2008	2.582	2004	2012

表5－2　变量的预期符号

变量	预期符号
Inno	－
$Inno^2$	－
IndustUpg	＋
PriIndust	－
Openness	－
Hum	－
PGDP	－
Size	－

5.4 实证结果

5.4.1 描述性分析

由于箱形图能够展现所研究指标在不同分位点的分布，因此相较于一般曲线图，使用箱形图能够更为详细地反映指标的演变过程。绘制 2004 ~ 2012 年中国地级及以上城市收入差距的箱形图，有利于深入了解收入分配的动态演变。

根据图 5 – 2，尽管收入差距在一定程度上呈现缓和的趋势，但收入分配矛盾仍然较为突出。2004 ~ 2009 年，收入差距最大值从 6.8 下降至 5；99% 水平值

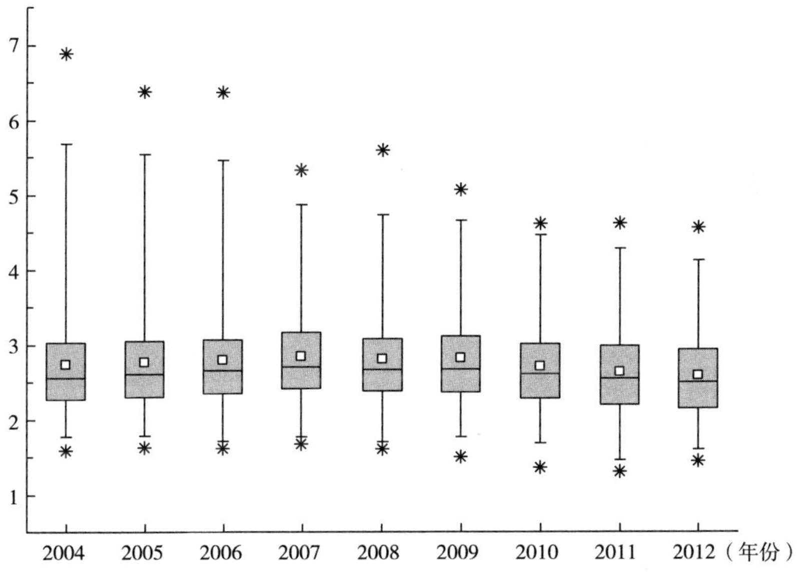

图 5 – 2 2004 ~ 2012 年中国地级及以上城市的收入差距箱形图

注：①星号分别代表最大值和最小值；误差棒、箱子边界线及箱内线分别代表 99%、1%、75%、25% 和 50% 分位点的值；白色方块则代表平均值。②这里的收入差距是用城乡人均收入之比表示，即 $Inequ_1$。

从5.6减少到4.5；中位数和平均值均表现出明显的上升趋势；最小值则基本保持在1.5左右。2010~2012年，尽管收入差距的最大值存在一定波动，但仍基本保持在4.5左右；99%水平值则出现了较为明显的下降；中位数和平均值均出现稳定下降的趋势；而最小值在2010年和2011年出现明显下降后，又基本恢复并维持在1.5左右。基于平均值和中位数两种数值的变化情况，发现2004~2012年中国区域收入差距整体呈现先扩大后缩小的变化，但平均收入差距一直高于2.5，也就是说，城市居民的人均收入普遍是农村居民的2.5倍，收入分配不均现象凸显。

通过分析不同地区收入差距的变化情况，进一步揭示其演变规律。其中，地区的收入差距用该地区内所包含地级及以上城市收入差距的平均值表示。根据中国东部、东北、中部和西部四大地区收入差距的变化（见图5-3）可以发现，四大地区收入差距的变化趋势和全国层面基本相同，即收入差距呈现先扩大后缩

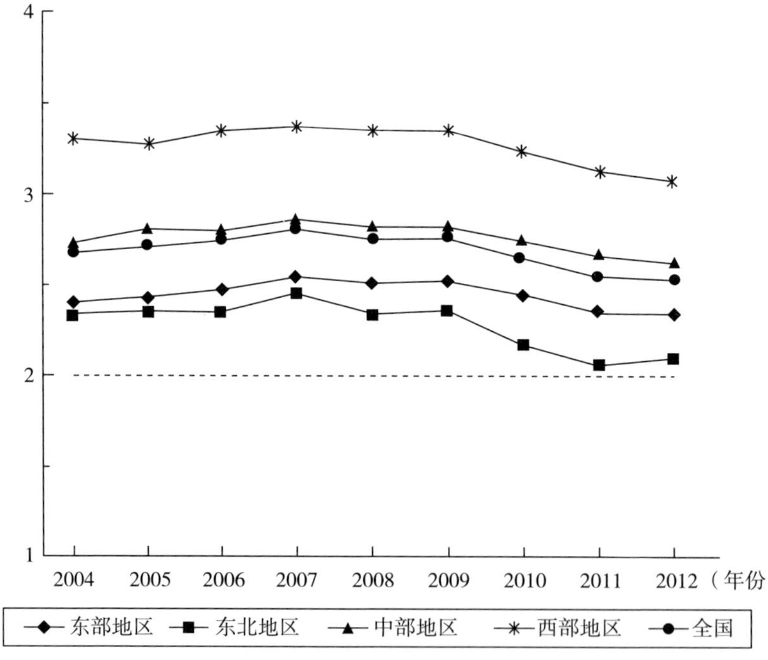

图5-3 2004~2012年中国东部、东北、中部和西部四大地区收入差距变化

注：这里的收入差距是用城乡人均收入之比表示，即 $Inequ_1$。

小的变化，但同时整体存在显著的地区差异。2004 ~ 2012 年，中部地区和西部地区的收入不平等程度均高于全国平均水平，其中西部地区收入差距的平均值都处于 3 以上，是收入分配矛盾最为突出的地区。尽管四个地区的收入差距均在不同程度上表现出明显的缓和趋势，但城乡居民收入之比均在 2 以上，说明每个地区的收入分配不均矛盾都较为严重。

无论是以全国还是四大地区为范围进行分析，中国的收入不平等问题均十分严峻。收入差距过大会带来居民幸福感降低和犯罪率上升等社会问题（陈春良和易君健，2009；鲁元平和王韬，2011；赵新宇等，2013），因此有必要对收入差距的影响因素进行分析，这有利于决策者采取有效措施来缓解收入分配矛盾。基于此，本章将重点研究区域创新对收入差距的影响，同时也回答了前文的疑问，即创新是否应该为目前的收入分配不均负责，这与中国未来如何发展创新有密切关系。接下来，将采用计量经济模型对创新与收入差距的关系展开实证研究①。

5.4.2 基准模型回归结果

基于 2004 ~ 2012 年中国 288 个地级及以上城市的面板数据，构建计量经济模型研究创新对收入差距的影响。经过 Hausman 检验，最终确定使用时间和地区双向固定效应对模型进行估计。模型估计结果如表 5 – 3 所示。模型 1 至模型 3 是以城乡居民人均收入之比（$\ln Inequ_1$）为因变量，模型 4 至模型 6 是以城乡居民人均收入的平均变异系数（$\ln Inequ_2$）为因变量。模型 1 只包含创新的一次项（$\ln Inno$），并加入产业结构升级（$\ln IndustUpg$）、第一产业发展（$\ln PriIndust$）和开放度（$\ln Openness$）；模型 2 在模型 1 的基础上加入了创新的二次项（$\ln Inno^2$）；模型 3 在模型 2 的基础上继续加入其他控制变量，如人力资本（$\ln Hum$）、经济发展水平（$\ln PGDP$）和城市规模（$\ln Size$）。模型 4 至模型 6 仿照模型 1 至模型 3，依次加入这些变量。

在模型 1 中加入创新的一次项（$\ln Inno$），发现创新与收入差距的相关关系

① 由于收入差距的空间依赖性没有通过莫兰值检验，因此本章没有使用空间计量经济模型进行估计。

并未通过显著性检验。当在模型 2 中加入创新的二次项（$\ln Inno^2$）后，创新的一次项与收入差距（$\ln Inequ_1$）正相关，二次项与收入差距负相关，均通过 1% 的显著性水平检验，回归结果显示创新与收入差距存在倒 U 形关系。当继续加入其他控制变量后，创新对收入差距（$\ln Inequ_1$）的影响为非线性的结论没有发生变化。其中，创新的平均值为 4.483，倒 U 形曲线拐点值为 4.75，对称轴两侧的样本分布较为均匀（58% 的样本分布在对称轴左侧，42% 样本分布在对称轴右侧），说明创新与收入差距的非线性关系真实存在。当使用收入差距的另一代理变量（$\ln Inequ_2$）为因变量时，回归结果仍然显示创新与收入差距之间呈倒 U 形关系。其中，倒 U 形曲线拐点值为 5，部分样本（2273 个，占比 64%）分布在对称轴左侧，同时也有部分样本（846 个，占比 36%）分布在对称轴右侧，证明创新与收入差距两者之间的非线性关系真实存在。创新与收入差距之间的倒 U 形关系说明，在创新发展的初始阶段，创新会扩大收入差距；随着创新水平的提高，收入分配不均会得到缓解。可能的原因是，高技能劳动力由于自身素质较高，学习能力较好，是创新发展的最先受益者（Baum Snow 和 Pavan，2013；Breau 等，2014），因此收入差距一开始表现出扩大的趋势；然而随着创新进一步的发展，加上劳动力流动、知识溢出等的作用，低技能劳动力的收入也能得到提高（Mccann，2007；Donegan 和 Lowe，2008），收入差距最终得到缓解。

表 5-3　基准模型估计结果

变量	因变量：$\ln Inequ_1$			因变量：$\ln Inequ_2$		
	模型 1	模型 2	模型 3	模型 4	模型 5	模型 6
$\ln Inno$	0.004 (0.005)	0.035 *** (0.011)	0.038 *** (0.011)	0.002 (0.005)	0.026 ** (0.011)	0.030 *** (0.010)
$\ln Inno^2$		-0.004 *** (0.001)	-0.004 *** (0.001)		-0.003 *** (0.001)	-0.003 *** (0.001)
$\ln IndustUpg$	0.034 * (0.019)	0.051 *** (0.020)	0.043 ** (0.019)	0.048 *** (0.018)	0.062 *** (0.018)	0.059 *** (0.017)
$\ln PriIndust$	-0.057 ** (0.029)	-0.063 ** (0.028)	-0.096 *** (0.035)	-0.050 (0.032)	-0.053 * (0.031)	-0.103 *** (0.037)

续表

变量	因变量：ln$Inequ_1$			因变量：ln$Inequ_2$		
	模型 1	模型 2	模型 3	模型 4	模型 5	模型 6
ln*Openness*	-0.007 (0.006)	-0.008 (0.006)	-0.010* (0.006)	-0.009 (0.006)	-0.010 (0.007)	-0.012* (0.007)
ln*Hum*			0.008 (0.014)			0.008 (0.014)
ln*PGDP*			-0.073** (0.033)			-0.080** (0.035)
ln*Size*			-0.028 (0.049)			-0.416*** (0.126)
年份	YES	YES	YES	YES	YES	YES
地区	YES	YES	YES	YES	YES	YES
Constant	1.126*** (0.085)	1.091*** (0.082)	2.008*** (0.569)	0.163* (0.094)	0.133 (0.094)	3.440*** (0.839)
Observations	2453	2453	2453	2359	2359	2359
Number of region	285	285	285	274	274	274
Adjusted R^2	0.227	0.240	0.246	0.269	0.275	0.288

注：①***表示在0.01水平上显著，**表示在0.05水平上显著，*表示在0.1水平上显著；②括号中报告的是稳健标准误；③这里“地区固定效应”中的地区指全国的地级及以上城市，下同。

控制变量中结果较为稳健的包括：产业结构升级（ln*IndustUpg*）的系数为正且通过了5%的显著性检验，说明产业结构升级越大的城市，其分配不均的程度也越大；第一产业发展（ln*PriIndust*）的符号与预期一致，第一产业中的劳动力大多为低技能劳动力，当低技能劳动力的收入提高后，收入分配的矛盾会在一定程度上得到缓解；市场开放度（ln*Openness*）的系数在-0.01左右，并在10%的检验水平上显著，说明开放度越大的城市，其收入差距越小；经济发展水平（ln*PGDP*）与收入差距负相关，说明经济增长会缓解收入差距，这一结论也部分验证了Kuznets假说（Kuznets，1955）。

5.4.3 面板门槛模型检验

为验证以上结论的稳健性，同时也为创新与收入差距之间非线性关系的形成提供解释，参考邵帅等（2013）的研究思路，采用面板门槛模型作进一步检验。

本书最终选取经济发展水平（ln*PGDP*）为门槛变量，原因是在自然条件、经济基础和政策等因素的共同作用下，中国区域经济发展存在明显的地区差异，而这种较大的经济差异可能会造成在不同地区创新对不同类型劳动力收入的影响不同。例如，经济发展水平高的地区容易吸引高技术人才流入，高技能劳动力向低技能劳动力的技术和知识溢出作用就越容易发生，后者的工作能力得到提高，收入也随之增加，因此在这一地区创新发展能够缩小收入差距；而在经济发展水平低的地区，由于对高技能产业和人才的吸引不够，技术和知识溢出发生较少，创新发展仍处于初级阶段，对高技能劳动力的较大需求导致创新带来的益处仅仅被这部分人群所享用，因此在这类地区创新发展会造成收入差距扩大。

基于式（5－9），在单一门槛、双重门槛和三重门槛的假设下进行门槛效应检验，结果表明当用 $\ln Inequ_1$ 表示因变量（收入差距）时，经济发展水平（ln*PGDP*）对创新影响收入差距存在三重门槛效应，并且通过了5%的显著性水平检验（见表5－4）。接下来，将重点关注三重门槛模型的检验结果。

表5－4　门槛效应检验（因变量：$\ln Inequ_1$）

	F值	P值	临界值		
			1%	5%	10%
单一门槛检验	30.680**	0.014	37.218	23.584	16.400
双重门槛检验	22.795**	0.024	31.691	18.829	13.808
三重门槛检验	22.900**	0.016	26.331	12.995	8.657

注：①**表示在0.05水平上显著；②P值和临界值均是采用“自抽样”（Bootstrap）反复抽样500次得到的结果。

表5－5汇报了三重门槛模型中的门槛估计值及其95%置信区间。可以发现，

第一个门槛（γ_1）的估计值是8.412，第二个门槛（γ_2）的估计值是10.008，第三个门槛（γ_3）的估计值是11.204，取值均在其95%置信区间内，说明这三个门槛估计值均能通过5%的显著性水平检验。绘制门槛变量的似然比函数图，可以更为清晰地理解门槛估计值及其置信区间（见图5-4、图5-5和图5-6）。

表5-5　门槛值及置信区间（因变量：ln*Inequ*$_1$）

	估计值	95%置信区间
第一个门槛 γ_1	8.412	[8.412，8.426]
第二个门槛 γ_2	10.008	[9.948，10.122]
第三个门槛 γ_3	11.204	[8.412，11.712]

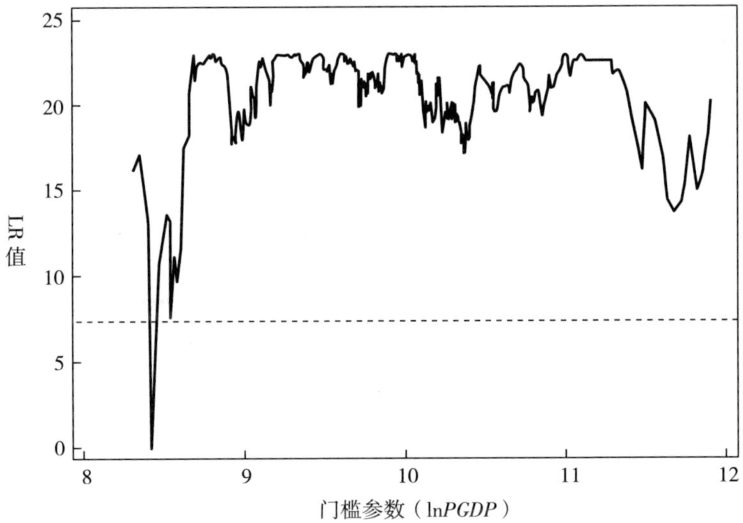

图5-4　第一个门槛估计值和置信区间（因变量：ln*Inequ*$_1$）

当似然比检验统计量（Likelihood Ratio，LR）为零时，门槛变量的取值即为其估计值；而95%置信区间则是所有LR值小于5%显著性水平下的临界值7.35（图中虚线表示）的门槛参数所构成的区间（连玉君和程建，2006）。由图5-4、图5-5和图5-6可知三个门槛变量（γ_1、γ_2和γ_3）的LR值均小于临界值7.35，说明这三个门槛变量的估计值是真实门槛值。

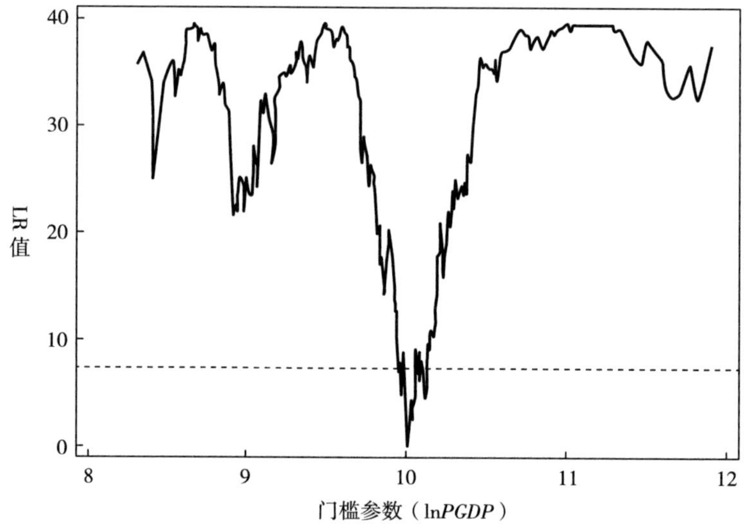

图 5-5　第二个门槛估计值和置信区间（因变量：$\ln Inequ_1$）

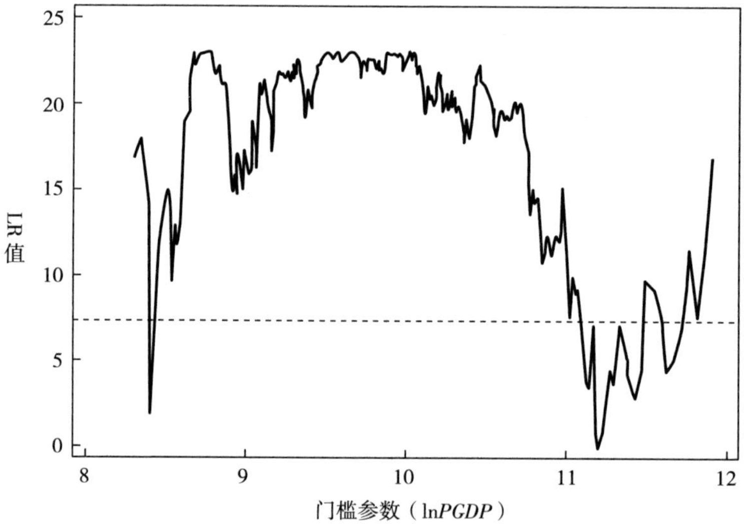

图 5-6　第三个门槛估计值和置信区间（因变量：$\ln Inequ_1$）

以 $\ln Inequ_2$ 为因变量，在单一门槛、双重门槛和多重门槛的假设下进行门槛效应检验。结果表明，经济发展水平（ln*PGDP*）对区域创新与收入差距的关系同样存在三重门槛效应，经济发展水平是创新影响收入差距的中介变量这一结论没有改变（见表5－6）。由门槛变量取值及其置信区间范围，并结合每个门槛参数的似然比函数图，可以说明 $\gamma_1=8.42$、$\gamma_2=9.973$ 和 $\gamma_3=10.243$ 的门槛值是真实门槛值（见表5－7、图5－7、图5－8和图5－9）。

表5－6　门槛效应检验（因变量：ln*Inequ*$_2$）

	F值	P值	临界值		
			1%	5%	10%
单一门槛检验	38.363***	0.002	31.346	18.211	13.419
双重门槛检验	19.147**	0.012	20.357	12.002	9.089
三重门槛检验	11.718*	0.090	23.497	16.121	11.208

注：①***表示在0.01水平上显著，**表示在0.05水平上显著，*表示在0.1水平上显著；②P值和临界值均是采用“自抽样”（Bootstrap）反复抽样500次得到的结果。

表5－7　门槛值及置信区间（因变量：ln*Inequ*$_2$）

	估计值	95%置信区间
第一个门槛 γ_1	8.420	[8.371，10.243]
第二个门槛 γ_2	9.973	[9.962，10.163]
第三个门槛 γ_3	10.243	[8.895，11.833]

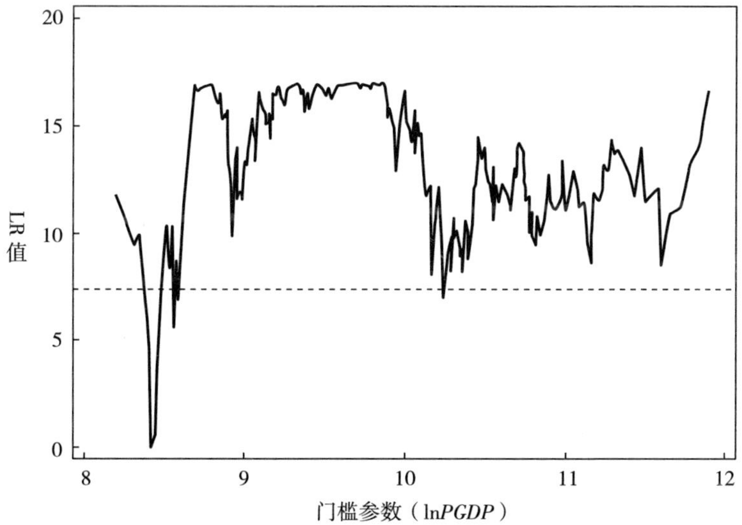

图5－7　第一个门槛估计值和置信区间（因变量：ln*Inequ*$_2$）

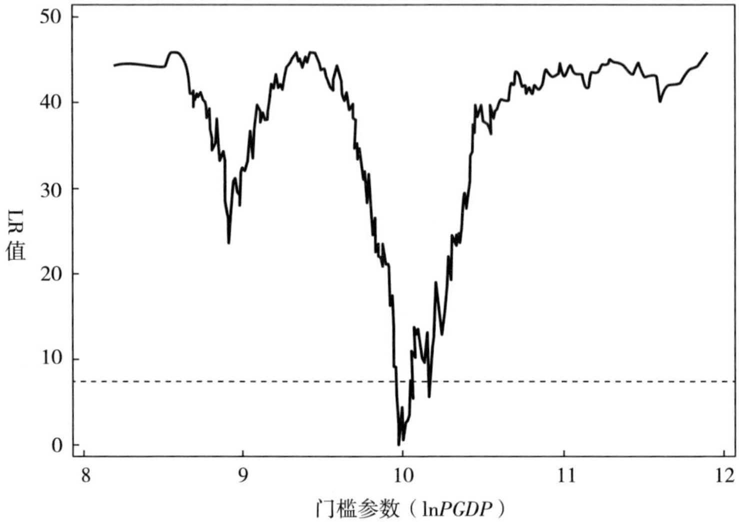

图 5－8　第二个门槛估计值和置信区间（因变量：ln*Inequ*$_2$）

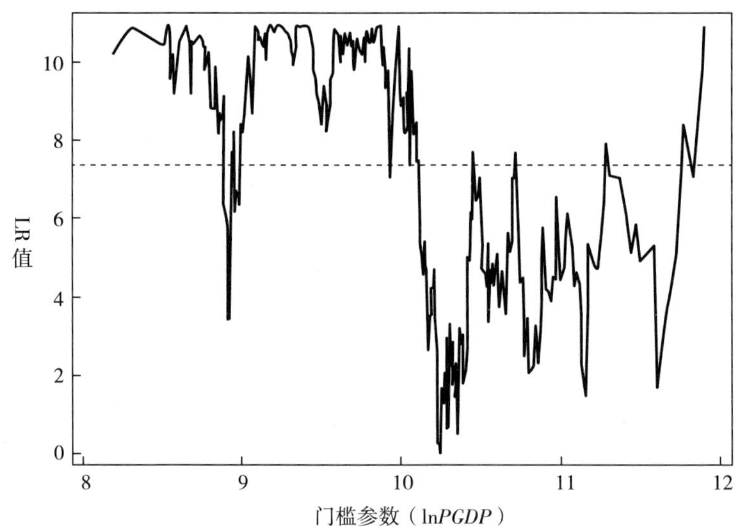

图 5－9　第三个门槛估计值和置信区间（因变量：ln*Inequ*$_2$）

基于以上分析，按照门槛值将样本分为四组：经济发展低水平（$\ln PGDP \leqslant \gamma_1$）、经济发展中低水平（$\gamma_1 < \ln PGDP \leqslant \gamma_2$）、经济发展中高水平（$\gamma_2 < \ln PGDP \leqslant$

γ_3）和经济发展高水平（ln$PGDP > \gamma_3$）。分别以 ln$Inequ_1$ 和 ln$Inequ_2$ 为因变量进行回归后，所得的模型估计结果如表 5－8 所示。从各门槛值划分的四个区间来看，创新对收入差距的影响随着经济发展水平的提高而呈现出不同效应。

当因变量为 ln$Inequ_1$ 时，在经济发展低水平的地区（ln$PGDP \leqslant 8.412$），创新与收入差距存在正相关关系，并通过 5% 的显著性水平检验；在经济发展中低水平的地区（$8.412 <$ ln$PGDP \leqslant 10.008$），创新与收入差距呈负相关关系，系数为 －0.011，并在 0.01 的水平上显著；在经济发展中高水平的地区（$10.008 <$ ln$PGDP \leqslant 11.204$），创新与收入差距的相关系数也为负，同样通过 1% 的显著性水平检验；在经济发展高水平的地区（ln$PGDP > 11.204$），创新同样能够缩小收入差距（系数为 －0.024，在 0.01 检验水平上显著）。

当以 ln$Inequ_2$ 表示收入差距时，在经济发展低水平的地区（ln$PGDP \leqslant 8.42$），创新对收入差距存在正向影响，系数为 0.011，并通过 10% 的显著性水平检验；在经济发展中低水平的地区（$8.42 <$ ln$PGDP \leqslant 9.973$），创新对收入差距存在负向影响，系数为 －0.014；在经济发展中高水平的地区（$9.973 <$ ln$PGDP \leqslant 10.243$），创新水平每提高 1%，收入差距缩小 0.019%；在经济发展高水平的地区（ln$PGDP > 10.243$），创新对收入差距存在负向影响，且通过 1% 的显著性水平检验。

表 5－8　三重门槛模型的估计结果

变量	ln$Inequ_1$	ln$Inequ_2$
	模型 1	模型 2
ln$Inno$_ 低水平组	0.017** (0.007)	0.011* (0.007)
ln$Inno$_ 中低水平组	－0.011*** (0.003)	－0.014*** (0.003)
ln$Inno$_ 中高水平组	－0.018*** (0.003)	－0.019*** (0.004)
ln$Inno$_ 高水平组	－0.024*** (0.004)	－0.022*** (0.003)

续表

变量	ln*Inequ*$_1$	ln*Inequ*$_2$
	模型 1	模型 2
ln*IndustUpg*	0.052 ***	0.059 ***
	(0.009)	(0.010)
ln*PriIndust*	-0.142 ***	-0.100 ***
	(0.014)	(0.015)
ln*Openness*	-0.005	-0.005
	(0.004)	(0.004)
ln*Hum*	0.022 **	-0.001
	(0.010)	(0.010)
ln*PGDP*	-0.042 ***	-0.022 **
	(0.009)	(0.010)
ln*Size*	-0.018	-0.358 ***
	(0.038)	(0.062)
Constant	1.686 ***	2.704 ***
	(0.239)	(0.366)
Observations	2421	2429
Number of region	269	270
Adjusted R^2	0.161	0.214

注：①*** 表示在 0.01 水平上显著，** 表示在 0.05 水平上显著，* 表示在 0.1 水平上显著；②括号中报告的是稳健标准误。

经济发展水平（ln*PGDP*）对创新与收入差距的关系存在门槛效应，即在经济发展低水平的地区，创新对收入差距存在正向影响，而在经济发展中低水平、中高水平和高水平的地区中，创新对收入差距均存在负向影响，并且其相关系数的绝对值在逐渐增加。门槛模型的结果验证了创新与收入差距之间存在非线性关系的结论。

5.4.4 异质性检验：地区差异

以上结论都是基于全国样本得出的，那么在不同地区创新又将如何影响收入差距。首先对中国东部地区、东北地区、中部地区和西部地区的创新水平进行对比，具体做法是将地区内所包含地级及以上城市的创新水平进行平均，所得的值即为这一地区的创新水平，结果如图 5 - 10 所示。

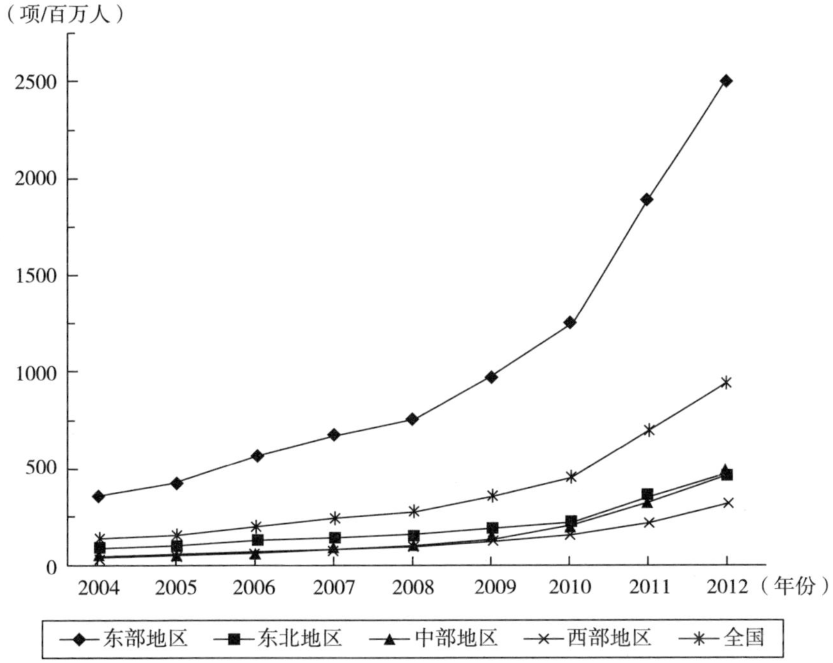

图 5 - 10　2004 ~ 2012 年中国东部、东北、中部和西部四大地区创新水平对比

2004 ~ 2012 年，东部地区的创新水平一直是全国最高水平，并且明显高于其他地区，从 2010 年开始，东部地区的这种优势还在加速扩大。东北地区、中部地区和西部地区的创新水平都低于全国的平均水平。其中，东北地区和中部地区的创新水平相差不大，但均高于西部地区。西部地区则一直属于全国创新水平最低的地区。

表 5 - 9 是以 $\ln Inequ_1$ 为因变量时，在四大地区范围内创新对收入差距的影响情况。结果表明，创新对收入差距的影响存在明显的地区差异。模型 1 和模型 2 的结果表明，在创新水平最高的东部地区，创新对收入差距存在明显的负向影响；模型 5 和模型 6 的结果表明，在中部地区，创新与收入差距之间存在倒 U 形关系；模型 7 和模型 8 的结果则表明，在创新水平最低的西部地区，创新与收入差距正向相

关。当因变量为 ln$Inequ_2$ 时，同样能够得到以上结论①（见表 5－10）。

表 5－9　东部、东北、中部和西部四大地区模型估计结果（因变量：ln$Inequ_1$）

变量	因变量：ln$Inequ_1$							
	东部地区		东北地区		中部地区		西部地区	
	模型 1	模型 2	模型 3	模型 4	模型 5	模型 6	模型 7	模型 8
ln*Inno*	－0.021**	0.007	0.010	0.090	0.012	0.048**	0.019*	0.018
	(0.009)	(0.021)	(0.030)	(0.067)	(0.008)	(0.021)	(0.010)	(0.014)
ln$Inno^2$		－0.002		－0.009		－0.004**		0.000
		(0.002)		(0.006)		(0.002)		(0.002)
ln*IndustUpg*	－0.020	－0.008	0.002	0.006	0.122***	0.125***	－0.019	－0.019
	(0.031)	(0.032)	(0.052)	(0.051)	(0.029)	(0.028)	(0.029)	(0.029)
ln*PriIndust*	0.030	0.022	－0.339***	－0.332***	0.027	0.013	－0.182***	－0.182***
	(0.038)	(0.037)	(0.105)	(0.101)	(0.043)	(0.043)	(0.047)	(0.046)
ln*Openness*	－0.002	－0.005	－0.052*	－0.056**	0.006	0.004	－0.009	－0.009
	(0.009)	(0.009)	(0.028)	(0.027)	(0.009)	(0.009)	(0.008)	(0.008)
ln*Hum*	0.001	－0.004	0.011	0.012	－0.101*	－0.086*	0.012	0.012
	(0.061)	(0.059)	(0.021)	(0.021)	(0.051)	(0.050)	(0.014)	(0.014)
ln*PGDP*	－0.010	－0.021	－0.146	－0.176*	0.083*	0.081*	－0.158***	－0.157***
	(0.083)	(0.081)	(0.093)	(0.089)	(0.046)	(0.045)	(0.044)	(0.044)
ln*Size*	0.029	0.005	－1.208	－1.014	－0.009	－0.051	－0.163	－0.163
	(0.069)	(0.072)	(1.151)	(1.119)	(0.127)	(0.139)	(0.144)	(0.144)
年份	YES	YES	YES	YES	YES	YES	YES	YES
地区	YES	YES	YES	YES	YES	YES	YES	YES
Constant	0.808	1.032	9.878	8.898	0.364	0.582	3.908***	3.905***
	(1.183)	(1.171)	(7.095)	(6.855)	(0.967)	(1.032)	(1.016)	(1.006)
Observations	748	748	291	291	800	800	614	614
Number of region	86	86	34	34	89	89	76	76
Adjusted R^2	0.205	0.210	0.455	0.464	0.315	0.332	0.294	0.293

注：①***表示在 0.01 水平上显著，**表示在 0.05 水平上显著，*表示在 0.1 水平上显著；②括号中报告的是稳健标准误。

① 考虑到创新（ln*Inno*）与其二次项（ln$Inno^2$）可能存在的共线性问题导致二次项不显著，为降低两者的相关性，参照谢宇（2010）和 Hamilton（2012）的做法，对 ln*Inno* 进行对中处理后代入模型（创新与其二次项的相关系数从 0.974 下降到 0.024），发现回归结果仍不变。

表 5-10 东部、东北、中部和西部四大地区模型估计结果（因变量：ln$Inequ_2$）

变量	因变量：ln$Inequ_2$							
	东部地区		东北地区		中部地区		西部地区	
	模型 1	模型 2	模型 3	模型 4	模型 5	模型 6	模型 7	模型 8
ln*Inno*	-0.038***	-0.032	0.002	0.123	0.014	0.046**	0.016*	0.007
	(0.011)	(0.025)	(0.037)	(0.073)	(0.009)	(0.021)	(0.009)	(0.013)
ln$Inno^2$		-0.001		-0.014**		-0.004*		0.002
		(0.002)		(0.006)		(0.002)		(0.002)
ln*IndustUpg*	0.013	0.017	0.051	0.057	0.118***	0.120***	-0.013	-0.017
	(0.039)	(0.041)	(0.048)	(0.053)	(0.030)	(0.030)	(0.026)	(0.026)
ln*PriIndust*	0.019	0.017	-0.321***	-0.311***	0.052	0.040	-0.160***	-0.156***
	(0.065)	(0.063)	(0.096)	(0.091)	(0.041)	(0.041)	(0.047)	(0.046)
ln*Openness*	-0.003	-0.004	-0.028	-0.034	0.007	0.005	-0.014	-0.013
	(0.012)	(0.012)	(0.026)	(0.025)	(0.009)	(0.009)	(0.011)	(0.011)
ln*Hum*	0.054	0.053	0.013	0.014	-0.039	-0.027	-0.002	-0.002
	(0.083)	(0.082)	(0.024)	(0.022)	(0.048)	(0.047)	(0.015)	(0.014)
ln*PGDP*	-0.073	-0.076	-0.065	-0.110	0.089**	0.087*	-0.139***	-0.136***
	(0.087)	(0.088)	(0.112)	(0.109)	(0.044)	(0.044)	(0.049)	(0.048)
ln*Size*	-0.565	-0.580	0.311	0.606	-0.387***	-0.422***	-0.658***	-0.650***
	(0.493)	(0.506)	(0.920)	(0.895)	(0.134)	(0.160)	(0.210)	(0.205)
年份	YES	YES	YES	YES	YES	YES	YES	YES
地区	YES	YES	YES	YES	YES	YES	YES	YES
Constant	4.132	4.236	-0.516	-2.003	1.421	1.605	5.654***	5.573***
	(3.203)	(3.298)	(5.769)	(5.656)	(1.007)	(1.151)	(1.331)	(1.281)
Observations	695	695	291	291	774	774	599	599
Number of region	80	80	34	34	86	86	74	74
Adjusted R^2	0.252	0.251	0.390	0.406	0.397	0.407	0.330	0.331

注：①***表示在 0.01 水平上显著，**表示在 0.05 水平上显著，*表示在 0.1 水平上显著；②括号中报告的是稳健标准误。

尽管在东北地区，创新如何影响收入差距还不清晰。但在东部这一创新高水平地区，创新有缓和收入差距的作用；在创新水平中等的中部地区，创新与收入差距的关系呈倒 U 形；而在创新属于低水平的西部地区，创新会导致收入差距扩大。考虑了地区异质性的模型回归结果也佐证了基于全国样本得到的创新和收入差距之间存在非线性关系的结论[①]。

综上所述，通过加入创新的二次项、面板门槛模型和异质性检验等不同方法，均可以证明创新对收入差距存在非线性影响。

5.5 本章小结

基于2004～2012年中国288个地级及以上城市的面板数据，本章首先从全国以及东部、东北、中部和西部四大地区这两个范围分别对这一时间段内收入差距的演变进行描述性分析；其次通过在模型中加入创新的二次项和更换因变量的方法分析了区域创新与收入差距的非线性关系，接着通过面板门槛模型对两者关系进行了稳健性检验；最后在考虑了地区异质性的情况下，分别检验在东部、东北、中部和西部地区创新对收入差距的影响。

本章的主要结论有以下四点：

(1) 2004～2012年收入差距经历了先扩大后缩小的变化，收入分配矛盾仍然突出。在全国范围的分析中，2004～2012年收入差距的最大值和99%分位值有较为明显的下降，整体收入差距则存在先扩大后缩小的变化。其中，收入差距的平均值基本保持在2.5左右，说明城市居民的人均收入普遍是农村居民的2.5倍，收入分配矛盾突出。与全国范围的研究结论相似，中国四大地区收入差距的变化也是先扩大后缩小。收入差距水平从大到小分别是西部、中部、东部和东北地区，地区间收入差距水平存在明显差异。四大地区收入差距的值均大于2，说明每个地区内部的收入分配矛盾都较为严峻。

(2) 区域创新与收入差距之间存在倒U形关系，即创新发展会引起收入差距出现先扩大后缩小的变化。在创新影响收入差距的模型中，创新的一次项显著

① 考虑到创新对收入差距的影响可能存在滞后性，我们将创新及其二次项均滞后一期后代入模型，发现检验结果不变。

为正，二次项显著为负，即使继续在模型中增加其他控制变量，创新与收入差距之间存在非线性关系这一结论没有发生改变。在创新发展初期，创新会造成收入差距扩大；当创新水平提高到一定水平后，创新会缩小收入差距。

（3）经济发展水平对创新影响收入差距存在门槛效应。当以经济发展水平（ln*PGDP*）作为门槛变量时，模型能够通过三重门槛效应的检验，说明经济发展水平对创新影响收入差距存在门槛效应。在经济发展水平小于第一个门槛值的城市，创新对收入差距有正向促进作用；在经济发展水平介于第一个门槛和第二个门槛、第二个门槛和第三个门槛以及高于第三个门槛的城市，创新与收入差距均是负相关关系，并且其相关系数的绝对值在逐渐增加。

（4）创新对收入差距的影响存在明显的地区差异。本书对比了不同地区的创新水平，东部地区是创新水平最高的地区，中部、东北和西部地区的创新水平则低于全国平均水平。其中，中部和东北地区的创新水平相近，西部地区的创新水平最低。分析地区回归结果可知，在创新水平最高的东部地区，创新对收入差距有明显的缓和作用；在创新水平属于中等的中部地区，创新与收入差距之间存在倒 U 形关系；在创新水平最低的西部地区，创新则与收入差距显著正相关。

❻ 区域创新影响收入差距的微观个体分析

第 5 章基于城市样本对区域创新与收入差距之间的关系进行了分析，研究发现区域创新对收入差距存在非线性影响，即在创新发展的初始阶段，创新与收入差距正相关；当发展到一定水平后，创新开始缩小收入差距。然而，在创新与收入差距的这种非线性关系背后，创新如何影响不同类型劳动力的收入？在创新发展的过程中，文化水平高、学习能力强的那部分人群作为高技能劳动力，创新会对他们的收入产生怎样的影响？相比之下，看似属于就业市场中的弱势群体——低技能劳动力，文化素质不够高、工作能力也普遍不如高技能劳动力，在创新发展的过程中，他们的收入又将会受到怎样的影响？这些隐藏在收入差距动态变化背后的原因值得深入关注和研究。

基于此，本章借助中国综合社会调查（China General Social Survey，CGSS）数据，首先根据被调查对象的受教育程度将其划分为高技能劳动力和低技能劳动力；其次对 Mincer 工资方程进行扩展，从微观个体层面分析创新对高技能和低技能这两种劳动力收入的影响。考虑到劳动力的受教育程度可能与其所从事工作存在不匹配的情况，因此本书除了以被调查对象的受教育程度作为划分标准外，还根据其所从事职业所包含技术性的高低划分劳动力类别。此外，考虑到创新对收入的影响可能存在滞后性以及两者之间的反向因果关系，本书还将创新滞后不同年份后分别代入模型以进行稳健性检验。本章旨在为创新与收入差距关系的研究提供微观证据，同时也为了弥补第五章使用城乡收入差距表示收入差距可能存在的不足。

6.1 引言

创新通常被认为是一种新技术的产生，从而提高全要素生产率的过程（Bowman 和 Taengnoi，2013）。西方学者已经对创新影响收入差距进行了丰富的研究，一些研究认为创新发展会加剧收入不平等程度（Breau 等，2014），然而也有部分实证研究发现创新与收入差距存在负相关关系（Antonelli 和 Gehringer，2013；Hopkin 等，2014）。国内现有研究大多把目光集中在创新所带来的技术进步是否会引起收入差距变化（李欣，2010）。创新带来的技能偏向型技术进步（Skill - biased Technological Change，SBTC）增加了对高技能劳动力的需求，使这部分劳动力的收入得到提高，导致其与低技能劳动力的收入差距（技能溢价）进一步扩大（Nahuis，2004；杨蕙馨和李春梅，2013；陈雪梅和叶宇平，2014）。因此，技能偏向型技术进步通常被视为收入差距扩大的主要原因之一（徐舒，2010；Goel，2011；董直庆等，2013）。还有一些研究则发现技术进步会导致技术溢价出现非线性变化（Weiss，2008），如 Fang 等（2008）认为高技能劳动力的增加不仅会促进研发部门创新水平的提高，还会对低技能劳动力产生正向的技能溢出，最终导致技能溢价出现周期性波动；陆雪琴和文雁兵（2013）基于省域面板数据进行分析，发现由于高技能劳动力需求供给关系的变化，技术进步会造成技能溢价逆转效应的出现。创新如何通过技术进步影响收入差距还没有统一结论。同时，除技术进步外，创新通过专利、生产率提高、高技能劳动力流动和低技能劳动力补偿等方面对技能溢价产生的影响也不容忽视。

基于此，本章将首先对区域创新影响劳动力收入进行理论分析，然后借助微观调查数据和统计数据，在充分考虑个体特征（如年龄、性别、政治面貌和健康程度等）和城市要素（如城市规模和开放度等）影响的基础上对 Mincer 工资方程进行扩展，分析区域创新与高技能劳动力和低技能劳动力收入的关系，并使用更换劳动力分类标准和处理反向因果关系等方法对模型的回归结果做进一步的稳健性检验，最终根据创新与两种劳动力收入的关系为区域创新影响收入差距提供微观证据。

6.2 理论框架

在过去的几十年中，创新因为对经济增长的促进作用受到了政府和学界的广泛关注（Chesbrough，2006；Lee，2011）。其中，Florida（2005）发现美国创新水平高的城市同时也面临着更严峻的收入不平等问题后，越来越多的研究开始关注创新与收入差距之间的关系（Lee，2011；Aghion 等，2015；Liu 和 Lawell，2015）。

创新影响收入差距的研究主要从总体和个体两个层面展开，其中总体研究主要关注的是创新与整体收入差距的关系（Glaeser 等，2009；Breau 等，2014），个体研究分析的是创新如何影响不同类型劳动力的收入（Pehkonen 和 Ojala，2009；Hühne 和 Herzer，2017）。Allen（2001）发现创新水平每提高 1% 就会导致受过高等教育的劳动力与最高学历为高中的劳动力之间的收入差距扩大 30%。然而，也有学者认为高等教育的发展会带来高技能劳动力相对供应量的提高，市场减少了对这类劳动力的需求最终会导致收入差距下降（Acemoglu，1998）。此外，不同类型劳动力之间的技术溢出同样也是收入分配不均矛盾缓和的一部分原因（Fang 等，2008）。

总结已有文献，创新可以通过以下五条路径影响劳动力的收入（见图 6－1）。

首先，创新能够通过有效提高生产率，使高技能劳动力和低技能劳动力的收入均得到不同程度增加。创新对生产水平和效率的促进作用已经得到证实。尽管一些研究认为生产率主要增加的是高技能劳动力的收入（Pianta 和 Tancioni，2008；Angelini 等，2009），但在生产率高的地区，劳动力的最低工资水平和福利待遇等都会得到进一步提升（Antonelli 和 Gehringer，2013）。因此，高技能劳动力和低技能劳动力这两类劳动力收入均能得到不同程度的增加。此外，Jaumotte 等（2013）研究发现，生产率的提高还会通过促进劳动力就业来缩小收入差距。

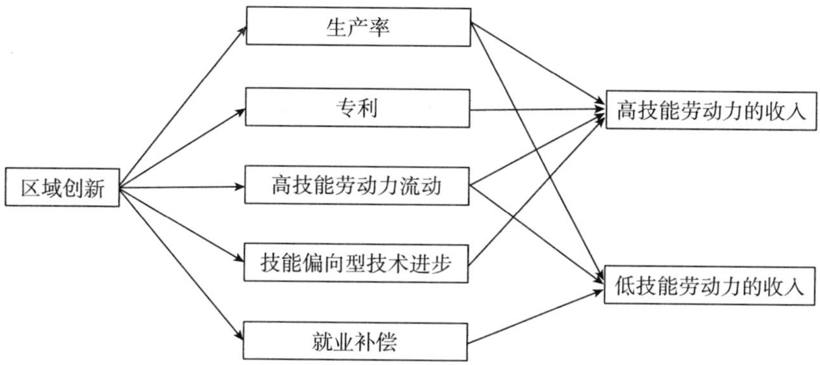

图 6－1　区域创新影响劳动力收入的主要路径

其次，专利会给发明者和产权拥有者带来可观的利润，而这部分人群又大多属于高技能劳动力。专利作为创新活动的中间产出，自 20 世纪 70 年代起就常常被用来度量创新水平（Griliches，1990；Arundel，2001）。一些实证研究也证明了专利和盈利之间存在较大的弹性系数（Coad 和 Rao，2008）。由于大部分的专利会被转卖给企业和应用于生产过程，其产生的利润不可预估。同时，专利保护制度更加强化了这一作用（Zhang 等，2015）。由于高技能劳动力数量的增加会提高保护技能偏向型专利的收益，专利保护制度往往朝技能偏向型发展从而进一步扩大收入差距（潘士远，2008；Pan 等，2010）。

再次，高技能劳动力的流动对高技能劳动力收入和低技能劳动力收入的提高均有益处。一方面，高技能劳动力的流入能够强化地区的创新活动，使高技能劳动力和低技能劳动力的收入均得到增加（Glaeser 等，2009；Moretti，2013）。另一方面，高技能劳动力数量的增加有益于低技能劳动力中那些天赋较好、学习能力较强的人群接受知识和技能溢出，从而增加低技能劳动力的收入（Wheeler，2004；Florida，2007；Winters，2013）。高技能劳动力和低技能劳动力之间的这种正向溢出能够通过提高低技能劳动力的收入缩小收入差距（Das，2008）。

复次，创新过程中发生的技能偏向型技术进步有利于高技能劳动力收入的增加。已有研究认为，创新发展中产生的是一种对技能依赖性较强的技术进步（Acemoglu，1998，2002；Lemieux，2008），它同时也被认为是造成许多国家收入分配矛盾日益严峻的原因之一（Kurokawa，2014；Lee 和 Wie，2015）。相关理论认为，技能偏向型技术进步提高了对高技能劳动力的需求，导致高技能劳动力的收入增加，而低技能劳动力不得不接受收入减少甚至失业的结果（Moore 和 Ranjan, 2005）。此外，由于加大了对高技能劳动力的需求，技能偏向型技术进步会导致高技能劳动力和低技能劳动力之间的工会联盟瓦解，最终扩大了技能偏向型技术进步对收入不平等的直接作用（Acemoglu 等，2001）。

最后，随着创新的发展，就业补偿效应会提高低技能劳动力的收入。在创新发展的过程中，逐渐富裕的高技能劳动力同时也变得越来越忙碌。在面对收拾房间、做饭等家庭事务时，他们往往更愿意花钱聘请家政服务人员代劳。正是这种依赖性为低技能劳动力提供了大量的就业机会（Goos 等，2009；Eeckhout 等，2014）。经过专业培训，大部分低技能劳动力都能走向工作岗位，其中一些低技能劳动力的收入甚至高于普通白领。这一观点在 Autor 和 Dorn（2013）的研究中得到验证，他们研究了在美国就业与收入分配的关系，发现大部分低技能劳动力被分配到服务业，同时他们的收入也得到了提高。

根据以上对创新影响高技能劳动力和低技能劳动力收入的分析，发现基于不同路径，创新对收入差距既存在积极影响也存在消极影响。然而在创新的实际发展过程中，影响劳动力收入的这些要素并非同时发生作用。生产率的提高、高技能劳动力的知识溢出以及就业补偿效应均有利于低技能劳动力收入的增加，而这些创新缩小收入差距的作用往往发生在创新发展后期。因此，本书假设创新与收入差距之间的关系可能是非线性的。

6.3 研究方法与数据

6.3.1 实证模型的构建

Mincer 工资方程是研究人力资本对个人收入回报的重要方法，其一般形式如下：

$$\ln y = f(X, \varepsilon) \tag{6-1}$$

式中，$\ln y$ 表示个体收入的对数；X 代表人力资本的一系列变量；其他没有包含的变量和不可观察的变量在误差项 ε 中。

基于 Mincer 工资方程，本章采用如下形式：

$$\ln Income_{i,j} = \alpha + \beta_1 Edu_{i,j} + \beta_2 X_{i,j} + \varepsilon_{i,j} \tag{6-2}$$

式中，$\ln Income_{i,j}$是居民月收入的对数值；$Edu_{i,j}$是个体的受教育年限；$X_{i,j}$是其他控制变量，如性别、年龄、年龄的平方、婚姻状况和健康程度等；ε 是误差项；i 表示个人；j 表示地区。

由于本章是为了检验区域创新对劳动力收入的影响，根据调查对象所在地级及以上城市信息，继续在模型中加入区域创新和城市的其他变量。式（6－2）进一步扩展如下：

$$\ln Income_{i,j} = \alpha + \beta_1 Edu_{i,j} + \beta_2 X_{i,j} + \beta_3 \ln Inno_j + \beta_4 \ln Z_j + \varepsilon_{i,j} \tag{6-3}$$

式中，$\ln Inno_{i,j}$是地级及以上城市 j 创新水平的对数值；$\ln Z_j$ 是影响个人收入的城市其他变量的对数值，如人力资本、城市规模、固定资产和开放度等。

6.3.2 数据说明与变量

（1）数据说明。

本章所采用的微观调查数据来自中国人民大学和香港科技大学合作的中国综合社会调查项目（China General Social Survey，CGSS）（见附录 1）。该调查自 2003 年开始进行，并于 2010 年开始第二期（2010～2019 年），其中对调查问卷和抽样方案进行了更新，此后每两年进行一次。由于自 2012 年起 CGSS 数据不再公布被调查对象的地理信息，因此 2010 年的 CGSS 数据是适合本书研究的最新数据①。

选择该数据库的原因在于：

第一，该调查工作严格遵守抽样规则，按照随机抽取、分层抽样和实地抽样

① 本书使用数据部分来自中国人民大学中国调查与数据中心主持的《中国综合社会调查（CGSS）》项目。笔者感谢此机构及其人员提供的数据协助，本书内容由笔者自行负责。

等原则，最终确定的调查地区和调查对象具有较好的代表性，所得调查数据真实可靠。

第二，该数据库不仅记录了被调查对象的受教育情况，还记录了他们所从事职业的详细信息，有利于本书采用受教育程度和所从事职业这两种标准划分劳动力类别，为验证模型结果的稳健性提供了支持。

第三，该数据库详细记录了被调查对象的收入、年龄、性别、受教育情况、健康程度及婚姻状况等信息，不仅为本书的研究提供了劳动力的收入数据，还为控制个体特征对劳动力收入的影响提供了便利，使其得出的研究结论比基于产业、企业或地区层面的研究更有说服力。

根据抽样原则，2010 年 CGSS 数据的调查对象包括全国除西藏、新疆、港澳台等省份或地区之外 83 个地级及以上城市的居民，调查地区在空间上均匀分布。最终接触样本量为 17664 份，共收回有效问卷 11783 份。

本书其他城市层面数据来源于中国国家知识产权局、《中国城市统计年鉴》（2010）和《中国区域经济统计年鉴》（2010）。

（2）变量解释。

首先，介绍对样本的筛选过程。本书研究的是创新对劳动力收入的影响，因此剔除对问题“您个人去年全年的总收入是多少?”回答为“0”“不适用”“不知道”“拒绝回答”的样本，并根据年龄在 18 ~ 60 岁（女性为 18 ~ 55 岁）的原则进行筛选。需要说明的是，由于填写的是上一年（2009 年）的收入数据，被调查对象的年龄按照 2009 年减去其出生年份进行计算，最终得到有效观察值共 6799 个。

其次，对高技能与低技能两种类型劳动力的划分。国际上关于这两种劳动力的划分方式主要有以下两种：第一种是按劳动力的受教育程度进行划分，即用可观察到的教育溢价代表技能收益（Bellante，1979；Acemoglu，2002）；第二种是根据劳动力所从事工作的性质和岗位进行划分，技术要求较高的职业划分为高技能劳动力，技术要求较低的职业划分为低技能劳动力（宋冬林等，2010；喻美辞和熊启泉，2012）。由于 2010 年 CGSS 数据中包含被调查对象的受教育情况及其所从事职业的信息，因此本书将首先采用学界中最普遍的分类方式，即以劳动力的受教育程度作为分类标准进行基准模型回归，具体是将最高受教育程度为大专及以上的劳动力划为高技能劳动力，最高受教育程度为高中及以下的劳动力划为低技能劳动力。考虑到可能存在受教育水平和工作岗位不匹配的情况，使用第二种分类方式即按劳动力所从事的职业来检验模型结果的稳健性。

最后，将对城市变量的选取进行说明。

第一，创新水平（*Inno*）。使用每百万人均拥有专利申请数代表创新水平。原因是专利作为创新活动的中间产物，本身就代表了先进技术的产生，加上其统计数据较为完整且可获取性好，在实证研究中往往更容易获得研究者的青睐（Rodríguez – Pose 和 Di Cataldo，2015）。同时，Acs 等（2002）的研究也证明专利数据能够较好地测度创新水平。由于专利是否获得授权受人为因素影响较大，且申请专利本身就具有新颖性、创造性和盈利性。相较于专利授权还需 2 ~ 3 年时间，申请专利更能反映当期的创新活动，因此本书以专利申请数度量创新水平。为消除人口规模对创新水平度量的影响，最终选用每百万人均拥有专利申请数作为创新水平的代理变量，单位为项/百万人。

第二，人力资本（*Hum*）。由于人力资本发展会提高生产率，经济发展水平也会随之提高，最终高技能劳动力和低技能劳动力的收入均会得到提高。使用百名中学在校生所拥有的专任教师数代表人力资本，单位为名/百学生。

第三，城市规模（*Size*）。城市规模通过集聚效应影响劳动力供应，低技能（或高技能）劳动力供应量的增加，会引起低技能（或高技能）劳动力收入下降。使用年末人口总数表示城市规模，单位为万人。

第四，固定资产（*Fixed*）。固定资产的增加有利于提高劳动力的边际产出，对劳动力的收入存在正向影响（高虹，2014）。使用固定资产投资总额占 GDP 比重表示固定资产发展情况，单位为% 。

第五，开放度（*Openness*）。开放的市场有利于吸引新的技术和资金的流入，尽管接受能力不同，但地区高技能和低技能两种劳动力的收入均能得到不同程度的提高（李欣，2009）。使用货物进出口总额乘以当年汇率后占 GDP 比重表示市场开放度，单位为% 。

为与个体收入数据保持一致，所涉及的城市变量如创新（*Inno*）、人力资本（*Hum*）、城市规模（*Size*）、固定资产（*Fixed*）、开放度（*Openness*）均为 2009 年的数据。为消除量纲和克服异方差的影响，收入数据和所有城市变量均取对数处理。由于有些地级市的专利申请数为零，因此将专利数据加 1 后再取对数（Wooldridge，2012）。所有变量的含义及统计信息如表 6－1 和表 6－2 所示。

表 6－1　变量及其含义

变量	变量含义
被调查对象的个体特征变量	
收入（*Income*）	个人月收入
是否男性（*Male*）	男性＝1，女性＝0
年龄（*Age*）	男性保留年龄在 18～60 岁，女性年龄在 18～55 岁
受教育年限（*Edu*）	没有受过教育和私塾＝0，小学＝6，初中＝9，职业高中、技校、普通高中和中专＝12，大学专科＝15，大学本科＝16，研究生及以上＝19
是否已婚（*Marry*）	已婚＝1，其他＝0
是否党员（*Party*）	中共党员＝1，共青团员、群众＝0
是否工会会员（*Union*）	是工会会员＝1，不是工会会员＝0
健康程度（*Health*）	很不健康＝1，比较不健康＝2，一般＝3，比较健康＝4，很健康＝5
是否非农户口（*Hukou*）	农业户口＝0，其他＝1
被调查对象所在城市的相关变量	
创新（*Inno*）	每百万人均拥有专利申请数
人力资本（*Hum*）	每百名中学在校生拥有专任教师数
城市规模（*Size*）	年末总人口数
固定资产（*Fixed*）	固定资产投资金额占 GDP 比重
开放度（*Openness*）	货物进出口总额乘以当年汇率后占 GDP 比重

表 6－2　变量的描述性统计

变量	样本量	均值	标准差	最小值	最大值
收入（*Income*）	6799	2001.207	8112.291	0.667	499999.800
创新（*Inno*）	6500	790.849	1778.916	3.831	16316.470
是否男性（*Male*）	6799	0.559	0.497	0	1

续表

变量	样本量	均值	标准差	最小值	最大值
年龄（*Age*）	6799	40.827	10.429	18	60
受教育年限（*Edu*）	6796	9.548	4.148	0	19
是否已婚（*Marry*）	6797	0.857	0.350	0	1
是否党员（*Party*）	6790	0.125	0.331	0	1
是否工会会员（*Union*）	6739	0.151	0.358	0	1
健康程度（*Health*）	6793	3.802	1.050	1	5
是否非农户口（*Hukou*）	6796	0.458	0.498	0	1
人力资本（*Hum*）	6320	7.129	1.566	4.161	12.254
城市规模（*Size*）	6500	676.720	519.190	85.310	3275.610
固定资产（*Fixed*）	6500	64.657	20.075	28.037	128.946
开放度（*Openness*）	6500	26.387	39.535	0.210	225.016

为进一步比较高技能劳动力和低技能劳动力的差异，有必要对这两种劳动力的个体特征变量分别进行描述性统计（见表6－3）。从收入（*Income*）来看，低技能劳动力收入的均值远远低于高技能劳动力，说明低技能劳动力的收入整体低于高技能劳动力；高技能劳动力收入的标准差远远高于低技能劳动力，说明相较于低技能劳动力，高技能劳动力群体内部的收入差异较大。从性别分布（*Male*）和婚姻状况（*Marry*）来看，高技能和低技能两种劳动力中男女比例和已婚人员比例都较为均匀。样本中劳动力的年龄（*Age*）都在18～60岁，其中低技能劳动力的平均年龄略高于高技能劳动力。分析两类劳动力的健康程度（*Health*），并没有发现高技能劳动力和低技能劳动力之间存在明显差距。高技能劳动力中属于中共党员（*Party*）和工会会员（*Union*）的人数明显高于低技能劳动力。与低技能劳动力相比，大多数高技能劳动力都拥有非农户口（*Hukou*）。图6－2中，高技能劳动力的核密度曲线明显右偏于低技能劳动力，说明高技能劳动力的收入均高于低技能劳动力，并且这一结论在低收入和高收入群体中均成立。

表 6-3 高技能劳动力与低技能劳动力个体特征变量的描述性统计

变量	低技能劳动力（以受教育程度划分）				高技能劳动力（以受教育程度划分）			
	均值	标准差	最小值	最大值	均值	标准差	最小值	最大值
收入（*Income*）	1409.548	3699.016	0.667	150000	4734.082	17253.970	75	499999.800
是否男性（*Male*）	0.557	0.497	0	1	0.565	0.496	0	1
年龄（*Age*）	42	10.246	18	60	35.413	9.520	18	60
受教育年限（*Edu*）	8.233	3.315	0	12	15.639	0.947	15	19
是否已婚（*Marry*）	0.878	0.327	0	1	0.768	0.423	0	1
是否党员（*Party*）	0.072	0.258	0	1	0.372	0.484	0	1
是否工会会员（*Union*）	0.096	0.294	0	1	0.407	0.491	0	1
健康程度（*Health*）	3.738	1.076	1	5	4.097	0.861	1	5
是否非农户口（*Hukou*）	0.356	0.479	0	1	0.930	0.254	0	1

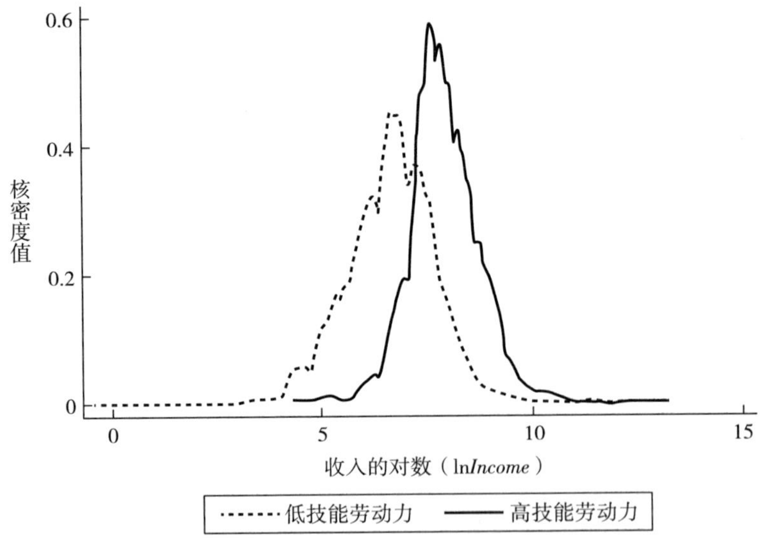

图 6-2 高技能劳动力与低技能劳动力收入的核密度图

6.4 实证结果

6.4.1 工资方程回归结果

表 6-4 是加入创新变量之前的工资方程回归结果。模型 1 至模型 3 是低技能劳动力的回归结果，模型 4 至模型 6 是高技能劳动力的回归结果，模型 7 是全样本的结果。其中，模型 1 和模型 4 是没有控制省份和行业差异的结果，模型 2 和模型 5 加入了省份因素。模型 3、模型 6 和模型 7 是控制了省份和行业差异的回归结果。

表 6-4 基本工资方程回归

变量	低技能劳动力（按受教育程度划分）			高技能劳动力（按受教育程度划分）			全样本
	模型 1	模型 2	模型 3	模型 4	模型 5	模型 6	模型 7
Male	0.441***	0.453***	0.407***	0.273***	0.274***	0.220***	0.339***
	(0.026)	(0.024)	(0.034)	(0.048)	(0.044)	(0.046)	(0.027)
Age	0.023**	0.032***	0.044***	0.103***	0.135***	0.090***	0.059***
	(0.009)	(0.009)	(0.012)	(0.023)	(0.022)	(0.023)	(0.010)
Age^2	-0.000***	-0.001***	-0.001***	-0.001***	-0.002***	-0.001***	-0.001***
	(0.000)	(0.000)	(0.000)	(0.000)	(0.000)	(0.000)	(0.000)
Edu	0.071***	0.060***	0.049***	0.265***	0.177***	0.177***	0.077***
	(0.004)	(0.004)	(0.007)	(0.027)	(0.025)	(0.024)	(0.005)
Marry	0.136***	0.138***	0.076	-0.046	0.033	-0.008	0.062
	(0.040)	(0.038)	(0.048)	(0.072)	(0.066)	(0.068)	(0.040)
Party	0.136***	0.182***	0.052	-0.025	0.073	0.093*	0.136***
	(0.045)	(0.043)	(0.056)	(0.050)	(0.044)	(0.050)	(0.036)

续表

变量	低技能劳动力（按受教育程度划分）			高技能劳动力（按受教育程度划分）			全样本
	模型 1	模型 2	模型 3	模型 4	模型 5	模型 6	模型 7
Union	0.222*** (0.038)	0.193*** (0.036)	0.154*** (0.045)	0.021 (0.047)	-0.022 (0.044)	-0.049 (0.047)	0.094*** (0.031)
Health	0.149*** (0.012)	0.134*** (0.012)	0.093*** (0.017)	-0.044 (0.028)	0.028 (0.026)	0.007 (0.029)	0.069*** (0.015)
Hukou	0.464*** (0.029)	0.301*** (0.030)	0.028 (0.036)	0.263** (0.113)	0.228** (0.111)	0.178 (0.122)	0.024 (0.034)
省份	NO	YES	YES	NO	YES	YES	YES
行业	NO	NO	YES	NO	NO	YES	YES
Constant	4.824*** (0.186)	4.786*** (0.189)	5.250*** (0.341)	1.571*** (0.562)	1.707*** (0.541)	2.883*** (0.595)	4.889*** (0.289)
Observations	5525	5525	2680	1194	1194	1099	3779
Adjusted R^2	0.274	0.346	0.255	0.156	0.307	0.353	0.371

注：①***表示在0.01水平上显著，**表示在0.05水平上显著，*表示在0.1水平上显著；②括号中报告的是稳健标准误。

由于劳动力收入在不同省份和行业之间存在较大的异质性，因此本书主要分析控制了省份和行业差异后的回归结果。可以发现，无论是对于高技能劳动力还是低技能劳动力，性别（*Male*）相关系数的符号为正，且均通过了1%的显著性水平检验，说明男性劳动力的收入普遍高于女性劳动力，并且这一结论在低技能和高技能两种劳动力中均成立。在两种劳动力样本中，年龄（*Age*）与收入的倒U形关系均得到了验证，说明随着年龄的增加收入会得到提高，而当年龄增加到一定阶段后，收入会有所下降。受教育年限（*Edu*）对低技能劳动力和高技能劳动力的收入均存在正向影响，验证了人力资本对个人收入的回报在两种劳动力中均存在。高技能劳动力中党员（*Party*）与收入之间呈正相关，说明在高技能劳动力中，党员的收入要高于非党员。成为工会成员有利于低技能劳动力争取到更多的谈判权，从而更好地保护自己的权益，因此这一变量（*Union*）与低技能劳动力收入呈显著正相关，而这一变量在高技能劳动力中并未通过显著性检验。健康（*Health*）与低技能劳动力的收入有正相关关系，说明身体越健康的低技能劳动力收入越高，这也与低技能劳动力中体力劳动者的比重较高有一定关系。

6.4.2 基准模型回归结果

将区域创新水平（ln*Inno*）加入模型中，验证创新对高技能劳动力和低技能劳动力收入的影响，结果如表6－5所示。模型1和模型2是低技能劳动力的回归结果，模型3和模型4是创新对高技能劳动力收入影响的结果，模型5和模型6是全样本下的回归结果。模型2、模型4和模型6在模型1、模型3和模型5的基础上加入了创新（ln*Inno*）的二次项。

表6－5 基准方程的估计结果

变量	低技能劳动力（按受教育程度划分）		高技能劳动力（按受教育程度划分）		全样本	
	模型1	模型2	模型3	模型4	模型5	模型6
ln*Inno*	0.011 (0.016)	−0.159** (0.066)	0.102*** (0.022)	−0.127 (0.083)	0.041*** (0.013)	−0.203*** (0.052)
$\ln Inno^2$		0.017*** (0.006)		0.021*** (0.008)		0.024*** (0.005)
Male	0.386*** (0.034)	0.383*** (0.034)	0.219*** (0.047)	0.208*** (0.047)	0.326*** (0.028)	0.321*** (0.028)
Age	0.037*** (0.012)	0.036*** (0.012)	0.094*** (0.024)	0.090*** (0.023)	0.055*** (0.010)	0.053*** (0.010)
Age^2	−0.001*** (0.000)	−0.001*** (0.000)	−0.001*** (0.000)	−0.001*** (0.000)	−0.001*** (0.000)	−0.001*** (0.000)
Edu	0.051*** (0.007)	0.051*** (0.007)	0.170*** (0.024)	0.171*** (0.024)	0.079*** (0.005)	0.078*** (0.005)
Marry	0.081 (0.050)	0.083* (0.049)	−0.022 (0.069)	−0.021 (0.069)	0.057 (0.041)	0.058 (0.041)
Party	0.046 (0.058)	0.045 (0.058)	0.088* (0.050)	0.088* (0.050)	0.129*** (0.037)	0.127*** (0.037)

续表

变量	低技能劳动力（按受教育程度划分）		高技能劳动力（按受教育程度划分）		全样本	
	模型 1	模型 2	模型 3	模型 4	模型 5	模型 6
Union	0.144***	0.140***	-0.051	-0.048	0.084***	0.080**
	(0.046)	(0.046)	(0.047)	(0.047)	(0.032)	(0.032)
Health	0.085***	0.085***	0.013	0.013	0.065***	0.065***
	(0.017)	(0.017)	(0.030)	(0.029)	(0.015)	(0.015)
Hukou	0.018	0.021	0.210*	0.227*	0.016	0.022
	(0.037)	(0.037)	(0.127)	(0.129)	(0.034)	(0.034)
省份	YES	YES	YES	YES	YES	YES
行业	YES	YES	YES	YES	YES	YES
Constant	5.351***	5.777***	2.417***	3.017***	4.802***	5.433***
	(0.354)	(0.388)	(0.621)	(0.635)	(0.296)	(0.319)
Observations	2548	2548	1076	1076	3624	3624
Adjusted R^2	0.253	0.255	0.365	0.370	0.374	0.378

注：①***表示在0.01水平上显著，**表示在0.05水平上显著，*表示在0.1水平上显著；②括号中报告的是稳健标准误。

首先关注低技能劳动力的回归结果，发现当在模型1中只加入创新（ln*Inno*）时，创新与低技能劳动力收入之间的相关关系并未通过显著性检验。当在模型2中继续加入创新的二次项（$\ln Inno^2$）后，创新的一次项为负，且通过5%的显著性水平检验，创新的二次项为正，且通过1%的显著性检验，回归结果表示创新与低技能劳动力收入之间呈U形关系。其中，创新水平的平均值为5.027，U形曲线拐点的值为4.676，较多样本分布在对称轴的右侧，同时也有部分样本分布在对称轴的左侧，说明创新与低技能劳动力收入之间的非线性关系真实存在。创新与低技能劳动力之间的U形关系说明在创新发展的初期，低技能劳动力的收入会减少，而当创新发展到一定水平后，低技能劳动力的收入会提高。

在创新影响高技能劳动力收入的模型中，发现当在模型3中加入创新（ln*Inno*）时，创新的系数为0.102，且在0.01的检验水平上显著，说明当创新水平提高1%，高技能劳动力的收入增加0.102%。当在模型4中继续加入创新的二次项（$\ln Inno^2$）时，创新一次项并不显著，二次项正向显著。分析对称轴两侧的样本分布，创新的平均值为6.058，曲线拐点的值为3.024，近95%的样本（1013个）仍分布在对称轴的右侧，因此认为创新与高技能劳动力收入之间的非线性关系并不存在。当对全样本进行回归时，创新与劳动力收入之间同样存在U形关系，原因是全样本中约一半以上是低技能劳动力，导致基于全样本得到的回归结果会与以低技能劳动力为样本的结果相近。

6.4.3 稳健性检验一：加入城市其他变量和更换劳动力划分标准

为验证回归结果的稳健性，在模型中继续加入其他影响劳动力收入的城市变量，如人力资本（$\ln Hum$）、城市规模（$\ln Size$）、固定资产（$\ln Fixed$）和开放度（$\ln Openness$）。同时，除按受教育程度划分劳动力类别外，本书还根据调查数据中所记录的被调查个体共260种职业类型，按照其所包含技术性的高低，将调查对象划分为高技能劳动力和低技能劳动力。具体地，将技术人员、管理人员、教师、医生、演员、作家、警察、法官和律师等划分为高技能劳动力，将农民、工人、厨师、司机、售货员、售票员、小贩和保姆等划分为低技能劳动力①（陈雪梅和叶宇平，2014）（见附录2）。基于这种新的劳动力分类标准对样本再次进行回归分析，结果如表6-6所示。

基于模型1和模型2的结果，在考虑了人力资本（$\ln Hum$）、城市规模（$\ln Size$）、固定资产（$\ln Fixed$）和开放度（$\ln Openness$）对劳动力收入的影响后，创新（$\ln Inno$）的一次项系数为负，二次项的系数为正，模型结果显示创新与低技能劳动力收入存在U形关系。其中，创新的平均值为4.728，U形曲线的拐点值为4.429，较多样本分布在对称轴的右侧，同时也有部分样本分布在对称轴的左侧，说明创新与低技能劳动力收入之间的非线性关系真实存在。模型3和模型4是对高技能劳动力的回归结果，创新（$\ln Inno$）与高技能劳动力收入之间的系数为0.071，并且在1%的水平上显著，当加入二次项（$\ln Inno^2$）后，创新及其二

① 尽管在实际情况中，工人群体中也会存在部分高技能劳动力，但由于比例较小，因此在本书中统一划分为低技能劳动力。

表 6-6　加入城市其他变量及更换劳动力划分标准的回归结果

变量	低技能劳动力（按受教育程度划分）		高技能劳动力（按受教育程度划分）		低技能劳动力（按职业类型划分）		高技能劳动力（按职业类型划分）		全样本	
	模型 1	模型 2	模型 3	模型 4	模型 5	模型 6	模型 7	模型 8	模型 9	模型 10
ln*Inno*	0. 014	-0. 186***	0. 071***	-0. 048	0. 020	-0. 181***	0. 073***	-0. 075	0. 035**	-0. 194***
	(0. 020)	(0. 070)	(0. 027)	(0. 099)	(0. 019)	(0. 067)	(0. 028)	(0. 096)	(0. 016)	(0. 056)
ln$Inno^2$		0. 021***		0. 012		0. 021***		0. 015		0. 024***
		(0. 007)		(0. 010)		(0. 007)		(0. 010)		(0. 006)
Male	0. 390***	0. 387***	0. 216***	0. 212***	0. 341***	0. 339***	0. 249***	0. 244***	0. 328***	0. 324***
	(0. 035)	(0. 035)	(0. 047)	(0. 047)	(0. 033)	(0. 033)	(0. 050)	(0. 050)	(0. 028)	(0. 028)
Age	0. 037***	0. 036***	0. 092***	0. 091***	0. 038***	0. 037***	0. 098***	0. 096***	0. 056***	0. 054***
	(0. 012)	(0. 012)	(0. 024)	(0. 023)	(0. 011)	(0. 011)	(0. 022)	(0. 022)	(0. 011)	(0. 011)
Age^2	-0. 001***	-0. 001***	-0. 001***	-0. 001***	-0. 001***	-0. 001***	-0. 001***	-0. 001***	-0. 001***	-0. 001***
	(0. 000)	(0. 000)	(0. 000)	(0. 000)	(0. 000)	(0. 000)	(0. 000)	(0. 000)	(0. 000)	(0. 000)
Edu	0. 051***	0. 051***	0. 170***	0. 171***	0. 060***	0. 060***	0. 056***	0. 056***	0. 078***	0. 078***
	(0. 007)	(0. 007)	(0. 024)	(0. 024)	(0. 006)	(0. 006)	(0. 013)	(0. 013)	(0. 005)	(0. 005)
Marry	0. 078	0. 080	-0. 023	-0. 023	0. 083*	0. 086*	0. 004	0. 006	0. 053	0. 054
	(0. 050)	(0. 050)	(0. 069)	(0. 069)	(0. 045)	(0. 044)	(0. 081)	(0. 082)	(0. 041)	(0. 041)
Party	0. 034	0. 033	0. 095*	0. 093*	0. 040	0. 039	0. 059	0. 058	0. 129***	0. 128***
	(0. 059)	(0. 059)	(0. 050)	(0. 050)	(0. 048)	(0. 048)	(0. 052)	(0. 052)	(0. 037)	(0. 037)
Union	0. 145***	0. 140***	-0. 037	-0. 037	0. 171***	0. 168***	-0. 040	-0. 042	0. 086***	0. 082***
	(0. 046)	(0. 046)	(0. 048)	(0. 048)	(0. 041)	(0. 041)	(0. 050)	(0. 049)	(0. 032)	(0. 032)

续表

变量	低技能劳动力（按受教育程度划分）		高技能劳动力（按受教育程度划分）		低技能劳动力（按职业类型划分）		高技能劳动力（按职业类型划分）		全样本	
	模型 1	模型 2	模型 3	模型 4	模型 5	模型 6	模型 7	模型 8	模型 9	模型 10
Health	0.085***	0.084***	0.016	0.016	0.073***	0.072***	0.006	0.005	0.066***	0.066***
	(0.017)	(0.017)	(0.030)	(0.030)	(0.016)	(0.016)	(0.031)	(0.031)	(0.015)	(0.015)
Hukou	0.027	0.028	0.235*	0.237*	-0.000	-0.001	0.069	0.073	0.027	0.028
	(0.038)	(0.038)	(0.128)	(0.129)	(0.036)	(0.036)	(0.088)	(0.088)	(0.035)	(0.035)
ln*Hum*	0.219	0.176	0.013	0.031	0.344**	0.308*	-0.261	-0.241	0.158	0.144
	(0.165)	(0.166)	(0.279)	(0.281)	(0.160)	(0.159)	(0.276)	(0.275)	(0.144)	(0.143)
ln*Size*	-0.073*	-0.094**	0.021	0.037	-0.106***	-0.123***	0.048	0.059	-0.070**	-0.076**
	(0.040)	(0.041)	(0.060)	(0.058)	(0.039)	(0.039)	(0.062)	(0.061)	(0.034)	(0.034)
ln*Fixed*	0.051	-0.013	0.320***	0.249*	-0.015	-0.082	0.304**	0.225*	0.124**	0.031
	(0.073)	(0.076)	(0.115)	(0.138)	(0.068)	(0.071)	(0.120)	(0.135)	(0.062)	(0.067)
ln*Openness*	-0.034	-0.053**	0.042	0.031	-0.024	-0.043*	0.027	0.012	-0.018	-0.038*
	(0.024)	(0.024)	(0.033)	(0.034)	(0.022)	(0.023)	(0.031)	(0.032)	(0.019)	(0.020)
省份	YES	YES	YES	YES	YES	YES	YES	YES	YES	YES
行业	YES	YES	YES	YES	YES	YES	YES	YES	YES	YES
Constant	5.352***	6.350***	0.836	1.359	5.581***	6.548***	3.167***	3.844***	4.458***	5.530***
	(0.608)	(0.706)	(1.148)	(1.252)	(0.583)	(0.658)	(1.050)	(1.141)	(0.535)	(0.599)
Observations	2465	2465	1067	1067	2437	2437	1053	1053	3532	3532
Adjusted R^2	0.253	0.256	0.366	0.367	0.332	0.335	0.353	0.354	0.374	0.377

注：①***表示在0.01水平上显著，**表示在0.05水平上显著，*表示在0.1水平上显著；②括号中报告的是稳健标准误。

次项均不显著，说明考虑了城市其他因素的影响后，创新与高技能劳动力收入之间线性正相关的结论没有改变。模型 5 至模型 8 是根据个体所从事职业对劳动力进行分类后的结果。可以发现，当按被调查对象从事职业类型划分劳动力时，模型结果显示创新与低技能劳动力收入之间存在 U 形关系。其中，创新水平的平均值为 5.228，曲线的拐点值为 4.31，较多样本分布在对称轴的右侧，同时也有部分样本分布在对称轴的左侧，说明创新与低技能劳动力收入之间的 U 形关系真实存在。创新与高技能劳动力收入之间的系数为 0.073，且通过了 1% 的显著性水平检验，两者之间存在正相关关系。总之，无论是以受教育程度还是所从事职业类型来划分高技能劳动力和低技能劳动力，创新对低技能劳动力收入存在 U 形影响，与高技能劳动力收入正向线性相关的结论稳健。

其他控制变量的回归结果中较为稳健的有城市规模（ln*Size*）和固定资产（ln*Fixed*）。城市规模（ln*Size*）对低技能劳动力的收入存在负向影响。可能的原因是目前中国仍处于低技能劳动力在劳动力市场中所占比重较大的阶段，在规模越大的城市，低技能劳动力的供应越充足，造成低技能劳动力市场竞争越激烈，最终导致这部分劳动力的收入减少。固定资产（ln*Fixed*）与高技能劳动力的收入有显著正相关关系，说明目前固定资产的增加主要提高的是高技能劳动力的边际产出，因此高技能劳动力的收入得到增加。

6.4.4 稳健性检验二：滞后效应和反向因果关系的处理

考虑到创新对高技能劳动力和低技能劳动力收入的影响未必表现在当期，其作用可能存在滞后效应，同时也为了降低创新与劳动力收入之间的反向因果关系对模型结果的影响（陈斌开和林毅夫，2013；陆正飞等，2015），即劳动力收入也可能会在一定程度上造成地区创新水平发生变化，将创新分别滞后一年、五年和十年后分别代入模型，回归结果如表 6－7 所示。

关注将创新（ln*Inno*）滞后一年后的模型回归结果，即使用2008 年的创新水平进行回归分析。模型 1 至模型 4 的结果表明，当以受教育程度划分高技能劳动力和低技能劳动力类别时，回归结果显示创新与低技能劳动力收入之间呈 U 形关系，而与高技能劳动力收入之间存在线性正相关。其中，创新的平均值为 4.924，

表 6-7 处理滞后效应和反向因果关系的回归结果

变量	低技能劳动力（按受教育程度划分）		高技能劳动力（按受教育程度划分）		低技能劳动力（按职业类型划分）		高技能劳动力（按职业类型划分）		全样本	
	模型 1	模型 2	模型 3	模型 4	模型 5	模型 6	模型 7	模型 8	模型 9	模型 10
将区域创新（ln*Inno*）滞后一年										
ln*Inno*08	0.014	-0.175***	0.076***	-0.013	0.021	-0.156***	0.077***	-0.060	0.037**	-0.169***
	(0.020)	(0.061)	(0.028)	(0.090)	(0.019)	(0.059)	(0.028)	(0.084)	(0.016)	(0.049)
ln*Inno*08^2		0.021***		0.009		0.020***		0.015		0.023***
		(0.007)		(0.009)		(0.006)		(0.009)		(0.005)
个体变量	YES	YES	YES	YES	YES	YES	YES	YES	YES	YES
城市变量	YES	YES	YES	YES	YES	YES	YES	YES	YES	YES
省份	YES	YES	YES	YES	YES	YES	YES	YES	YES	YES
行业	YES	YES	YES	YES	YES	YES	YES	YES	YES	YES
Constant	5.369***	6.357***	1.013	1.382	5.624***	6.518***	3.321***	3.934***	4.517***	5.507***
	(0.615)	(0.695)	(1.170)	(1.249)	(0.591)	(0.652)	(1.069)	(1.135)	(0.543)	(0.593)
Observations	2465	2465	1067	1067	2437	2437	1053	1053	3532	3532
Adjusted R^2	0.253	0.256	0.367	0.367	0.332	0.335	0.353	0.354	0.374	0.377
将区域创新（ln*Inno*）滞后五年										
ln*Inno*04	0.033	-0.145***	0.072**	-0.022	0.030	-0.134**	0.100***	-0.027	0.054***	-0.133***
	(0.021)	(0.055)	(0.030)	(0.077)	(0.020)	(0.053)	(0.034)	(0.078)	(0.017)	(0.045)
ln*Inno*04^2		0.024***		0.011		0.022***		0.016*		0.024***
		(0.007)		(0.009)		(0.006)		(0.009)		(0.005)
个体变量	YES	YES	YES	YES	YES	YES	YES	YES	YES	YES
城市变量	YES	YES	YES	YES	YES	YES	YES	YES	YES	YES
省份	YES	YES	YES	YES	YES	YES	YES	YES	YES	YES

续表

变量	低技能劳动力（按受教育程度划分）		高技能劳动力（按受教育程度划分）		低技能劳动力（按职业类型划分）		高技能劳动力（按职业类型划分）		全样本	
	模型 1	模型 2	模型 3	模型 4	模型 5	模型 6	模型 7	模型 8	模型 9	模型 10
行业	YES	YES	YES	YES	YES	YES	YES	YES	YES	YES
Constant	5.499***	6.499***	1.084	1.475	5.676***	6.564***	3.582***	4.122***	4.677***	5.624***
	(0.622)	(0.695)	(1.197)	(1.264)	(0.598)	(0.655)	(1.082)	(1.124)	(0.549)	(0.595)
Observations	2453	2453	1065	1065	2426	2426	1050	1050	3518	3518
Adjusted R^2	0.254	0.257	0.366	0.367	0.333	0.336	0.353	0.354	0.374	0.378
将区域创新（ln*Inno*）滞后十年										
ln*Inno*99	0.022	-0.245***	0.092***	0.043	0.006	-0.250***	0.118***	-0.007	0.046**	-0.194***
	(0.024)	(0.055)	(0.030)	(0.076)	(0.023)	(0.058)	(0.034)	(0.074)	(0.019)	(0.046)
ln*Inno*99^2		0.042***		0.007		0.040***		0.019*		0.037***
		(0.008)		(0.011)		(0.008)		(0.011)		(0.006)
个体变量	YES	YES	YES	YES	YES	YES	YES	YES	YES	YES
城市变量	YES	YES	YES	YES	YES	YES	YES	YES	YES	YES
省份	YES	YES	YES	YES	YES	YES	YES	YES	YES	YES
行业	YES	YES	YES	YES	YES	YES	YES	YES	YES	YES
Constant	5.349***	6.729***	1.206	1.381	5.392***	6.631***	3.729***	4.227***	4.571***	5.672***
	(0.643)	(0.697)	(1.184)	(1.241)	(0.620)	(0.663)	(1.056)	(1.098)	(0.561)	(0.600)
Observations	2394	2394	1047	1047	2371	2371	1028	1028	3441	3441
Adjusted R^2	0.258	0.266	0.370	0.369	0.337	0.344	0.356	0.357	0.377	0.383

注：①***表示在0.01水平上显著，**表示在0.05水平上显著，*表示在0.1水平上显著；②括号中报告的是稳健标准误；③ln*Inno*99、ln*Inno*04和ln*Inno*08分别表示1999年、2004年和2008年区域创新水平的对数值；④表格中只汇报了创新及其平方项的系数和稳健标准误。其他加入的控制变量还包括个体变量和城市变量。其中个体变量包括性别、年龄、年龄的平方、受教育年限、婚姻状况、是否中共党员、是否工会会员、健康程度和是否非农户口；城市变量包括人力资本、城市规模、固定资产和开放度。

创新与低技能劳动力收入之间U形曲线的拐点值为4.167，较多样本分布在对称轴右侧，同时也有部分样本分布在对称轴左侧，说明创新与低技能劳动力收入之间的非线性关系真实存在。模型5至模型8的结果表明，当以被调查对象所从事的职业类型划分劳动力类别时，模型结果仍然显示创新对低技能劳动力收入的影响是使其先下降后上升，而创新与高技能劳动力的收入则正相关。其中，U形曲线的拐点值为3.9，样本大多分布在对称轴的右侧，同时也有部分样本分布在对称轴左侧，证实了创新与低技能劳动力收入之间的非线性关系。

将创新（ln*Inno*）滞后五年，即使用2004年的创新水平进行回归分析。模型2和模型6的结果表明，在两种分类标准下，创新水平与低技能劳动力的收入均呈U形关系。其中，创新水平的平均值为4.161，两条U形曲线的拐点值分别是3.021和3.045，样本大多分布在对称轴的右侧，同时也有部分样本分布在对称轴左侧，进一步证实了创新水平与低技能劳动力收入之间的非线性关系。尽管模型8中创新的二次项（$\ln Inno04^2$）显著，但在分析对称轴两侧的样本分布后发现97.5%样本都分布在对称轴的右侧，说明创新与高技能劳动力收入之间仍然是线性关系。因此，模型1至模型8的结果同样证明了无论是以受教育程度还是按所从事职业类型划分高技能劳动力和低技能劳动力，创新对低技能劳动力收入的影响呈U形，与高技能劳动力的收入则是线性正相关。

将创新（ln*Inno*）滞后十年，即使用1999年的创新水平进行回归分析。模型2和模型6的结果表示在不同劳动力分类标准下，创新与低技能劳动力收入之间均存在U形关系。其中，创新的平均值为3.446，U形曲线的拐点值分别为2.917和3.125，样本大多分布在对称轴的右侧，同时也有部分样本分布在对称轴左侧，两者之间的非线性关系真实存在。虽然模型8中创新的二次项（$\ln Inno99^2$）通过了10%的显著性水平检验，但通过分析对称轴两侧的样本分布发现，近99%的样本都分布在对称轴右侧，因此认为创新与高技能劳动力收入之间仍是线性相关。因此，模型1至模型8的结果同样可以得到创新与低技能劳动力收入之间的关系呈U形、与高技能劳动力的收入正相关的结论。

6.5 本章小结

本章使用中国综合社会调查公布的2010年的CGSS数据，按照收入不为零和年龄在18～60岁（女性为18～55岁）等原则对样本进行筛选，将最终选出的6799位调查对象按其受教育程度划分为高技能劳动力和低技能劳动力，分析区域创新与不同类别劳动力收入之间的关系。本书首先对Mincer工资方程进行基本回归；其次，在模型中加入区域创新水平并同时考虑了年龄、性别、党员和健康程度等个体特征对不同劳动力收入的影响；再次，在模型中继续加入人力资本、城市规模、固定资产和开放度等其他影响劳动力收入的城市变量再次验证结论；最后，根据被调查对象所从事的职业类型重新划分高技能劳动力和低技能劳动力，同时考虑到创新影响劳动力收入可能存在的滞后性和为了降低反向因果关系的影响，分别将创新滞后一年、五年和十年后依次放入模型，对以上模型所得结果做进一步的稳健性检验。

本章的研究结论主要有以下三点：

（1）低技能劳动力在收入、年龄、政治面貌、工会会员和户口类型等方面与高技能劳动力的差异较大。对个体特征变量进行统计分析，低技能劳动力的收入整体低于高技能劳动力，高技能劳动力群体内部的收入差异高于低技能劳动力；低技能劳动力的平均年龄略高于高技能劳动力；高技能劳动力中属于中共党员和工会会员的人数明显高于低技能劳动力；与低技能劳动力相比，大部分高技能劳动力拥有非农户口。

（2）性别、年龄、受教育年限、党员、工会会员和健康程度对劳动力收入存在不同影响。无论是低技能劳动力还是高技能劳动力，男性劳动力的收入普遍高于女性劳动力；年龄与劳动力收入之间呈倒U形关系，即收入一开始会随着劳动力年龄的增加而提高，当年龄超过一定拐点后，收入会随着年龄的增加而减少；受教育年限越长，劳动力的收入也越高。同时，在高技能劳动力中，中共党员的收入要高于非党员；在低技能劳动力中，工会会员和健康状况更好的低技能劳动力，其收入也越高。

（3）创新与高技能劳动力收入正相关，与低技能劳动力收入呈 U 形关系，即随着创新水平提高，高技能劳动力的收入会一直增加，低技能劳动力的收入则会先减少后增加。由于考察的是区域创新与不同类型劳动力收入之间的关系，本书首先根据受教育程度将被调查对象划分为高技能劳动力和低技能劳动力，然后在扩展后的工资方程中加入区域创新的代理变量，同时控制了省份和行业内劳动力收入的异质性。模型回归结果表明，创新与低技能劳动力收入之间呈 U 形关系，与高技能劳动力收入显著正相关。继续在模型中加入城市的其他变量、更换劳动力划分标准以及考虑滞后效应和反向因果关系对回归结果的影响，对创新与不同类型劳动力收入的关系做进一步稳健性检验，以上结论均得到验证。

本书对 Mincer 工资方程进行扩展，充分利用微观个体数据和城市统计数据，构建了个体特征与城市变量相结合的计量经济模型，在经过基准模型和一系列稳健性检验后得到了区域创新与高技能劳动力收入正相关、与低技能劳动力收入之间存在 U 形关系的结论。本章揭示了区域创新引起收入差距变化的内在原因，同时也为上一章基于城市样本得到的区域创新与收入差距之间存在倒 U 形关系的结论提供了微观证据。

7 研究结论与启示

本书以网络爬虫技术获取的中国城市专利数据、《中国城市统计年鉴》《中国区域经济统计年鉴》《高等学校科技统计资料汇编》以及《中国家庭追踪调查数据》共同构成实证研究数据来源，结合 ArcGIS、Geoda、Stata 和 Matlab 等软件，使用空间分析、计量地理学、计量经济学和空间计量经济学等研究方法，围绕区域创新的时空演变以及区域创新对收入差距的影响这两大问题展开研究，具体内容如下：①分析自 1986 年中国开始公布当年完整专利申请数据以来，区域创新随时间的收敛趋势及其空间分布特征，然后充分考虑要素的空间溢出作用、投入要素的滞后性以及地区间不同空间关系对研究结果的影响，使用空间计量经济模型从高校视角对区域创新时空演变的影响因素进行了分析；②使用加入创新的二次项、面板门槛效应模型和异质性检验等方法从城市层面分析区域创新与收入差距的关系，然后借助中国综合社会调查数据，充分考虑劳动力分类标准、创新对劳动力收入的影响存在滞后以及创新与劳动力收入之间存在反向因果关系等对模型结果的影响，基于扩展的 Mincer 工资方程从个体层面对创新与不同类型劳动力收入的关系进行了分析，揭示区域创新如何通过影响不同类型劳动力的收入从而引起区域创新水平的变化，也为区域创新影响收入差距的城市样本研究提供了微观证据。

本书打破了以往相关文献大多以省域为研究单元的局面，从城市尺度分析了区域创新随时空演变的趋势及其对收入差距的影响，目的是进一步拓宽研究视角，深化对创新发展的认识，为国家和地区制定创新发展政策和保证创新可持续发展提供参考。接下来，本章将根据以上研究内容总结主要结论，提出政策启示和本书研究仍存在的不足之处，并对未来进一步的研究方向进行了展望。

7.1 主要结论

7.1.1 区域创新存在绝对 β 收敛趋势，但整体空间差异仍在扩大

创新会随着时间的推移和空间的变化表现出一定特征。从时间维度来看，自1986 年以来全国范围区域创新的标准差趋于增加，因此并不存在 σ 收敛趋势，即区域创新在地区间的相对差距并没有出现随时间推移而逐渐缩小的趋势。而无论是否考虑变量的空间相关性，创新的增长率与初始水平均属于负相关，因此得出全国范围的区域创新存在绝对 β 收敛趋势这一结论，即创新初始水平较低的地区趋于以更快速度发展。其中，不同地区范围的创新随时间演变的趋势不同。东部地区创新内部差距的变化过程与全国一致，标准差数值总体呈扩大趋势，并不存在 σ 收敛；中部地区创新的内部差距呈现缩小趋势，存在明显 σ 收敛；东北地区和西部地区创新的内部差距总体趋于下降，属于弱 σ 收敛。对各地区的创新增长率随时间变化趋势进行分析，发现在四大地区均存在明显的绝对 β 收敛。总之，全国范围和东部地区创新水平的内部差距趋于扩大，东北地区、中部地区和西部地区的内部差距在缩小，而无论在哪一研究范围，创新初始水平较低的地区都趋于以更快速度发展。

从空间维度来看，在研究时段内区域创新的基尼系数经历了先缩小后扩大的变化，说明区域创新在空间呈现先扩散后集聚的变化趋势。具体来看，1986 年之后，全国大部分地区的创新水平开始出现明显提升，且每个地区的增长幅度不一。天津在 1986 年还是创新水平最高的地区，然而这一局面在 1996 年就已经被深圳改变。到 2012 年，东部地区的创新水平明显高于其他地区；在以深圳为中

心的珠三角地区和以上海为中心的长三角地区出现创新高水平集聚区；深圳的创新水平已经远远高于全国其他城市，且这种差距仍在不断扩大。整体上，创新水平的区域差异越来越明显。对区域创新空间分布的研究也从侧面验证了创新随时间演变趋势的结论，即区域创新整体仍然存在明显的地区差异，并且这种差距还在逐渐扩大。

7.1.2 高校研发有利于区域创新发展，其中研发资金的影响存在滞后

高校与区域创新的关系一直以来都是学界关注的热点问题。然而已有研究大多忽略了区域创新的空间相互作用。尽管有研究开始注意到创新的空间溢出，但对地区间空间关系的定义与现实情况出入较大。忽略创新的空间相互作用或错误定义地区空间关系都会导致对高校与区域创新两者关系的估计有偏。本书使用空间计量经济模型，分别结合一阶空间邻接、K 值最邻近四点、地理距离和地理距离二次项共四种规则的空间权重矩阵，从高校研发人员和研发资金两个方面对高校影响区域创新进行了实证研究。研究发现，增加高校研发人员的投入有利于提高区域创新水平，而高校研发资金投入对区域创新发展的促进作用存在滞后。

本书以拥有高级职称的教学科研人员代表高校研发人员，这类人群往往有较高的知识水平和创新能力，他们一方面可以通过发表论文、出版著作和申请专利等直接提高区域创新水平，另一方面还能通过课堂教授、开设讲座以及与企业和政府合作等途径影响其他主体的创新活动。当增加这类人员的比重时，区域创新水平能够获得明显提高。这种积极作用表现在当期，可能的原因是人员具有较大的灵活性，能够根据创新发展的不同阶段和方向及时做出应对措施。

以高校科研的内部支出代表研发资金投入，表示的是高校实际用于本单位开展科研活动的全部支出，主要包括经常性支出与资产性支出，如人员劳务费和仪器设备等。加大对科研活动的经费支持能够通过增加科研补贴和劳务费等形式提高科研人员积极性、邀请到更多专家来进行科研指导、展开与其他单位的科研交流活动等，这些都有利于提高创新水平。同时，通过增加对仪器设备的资金投入还能明显提高工作效率从而加快科研成果的形成带来区域创新发展。然而，高校

研发资金投入对区域创新的积极影响存在滞后。可能的原因是不同学科之间的差异较大，在对研发经费进行合理配置方面存在一定困难；加上缺乏有效的监管机制，违规使用、挪用科研经费等情况时有发生，最终导致资金利用效率较低（赵强强等，2009；陈洪转等，2011；李晓静等，2015）。

7.1.3 创新在地级及以上城市之间表现出正向溢出效应

创新在地区间的溢出效应已经得到较多研究的关注。随着研究对象或研究单元的不同，创新的空间溢出效应也会有所不同（李婧等，2010；约翰·弗农·亨德森和雅克—弗朗索瓦·蒂斯，2012；程叶青等，2014；白俊红和蒋伏心，2015；王俊松等，2017）。城市是创新的载体（Van & Lambooy，2014），城市的发展是国家和地区发展的重要引擎（倪鹏飞等，2011），鉴于中国不同地区之间存在较大差异，从城市层面分析创新问题可能更为适合（孙红兵，2011）。目前全国范围区域创新的空间溢出研究大多是以省域为单元（李志宏等，2013；郭泉恩和孙斌栋，2016，2017），研究中国区域创新在城市尺度的空间溢出效应具有一定意义。

本书使用空间计量经济模型对区域创新的空间溢出效应进行了检验。由于对地区间空间关系的定义不同会影响模型的检验结果，并且在实际情况中，并非只有空间邻接的地区之间才会产生影响，地区有可能与其相邻（不只相接）的几个地区之间都存在相互作用，又或者对研究范围内的其他地区均存在影响，只不过这种作用的大小会随着地理距离的增加而逐渐衰减。因此，除了常用的基于Rook 规则的一阶空间邻接矩阵外，本书还选择了使用 K 值最邻近四点、地理距离矩阵和地理距离二次项矩阵来定义地区间的空间关系。由于与空间邻接矩阵相比，K 值最邻近四点、地理距离和地理距离二次项三种类型的矩阵对地区空间关系的定义更符合实际情况，因此在对创新空间溢出效果的检验中，本书选择信赖基于后三种权重矩阵得出的结果，即创新在地级及以上城市间存在正向溢出效应。

创新在地区间存在正向溢出效应说明地区创新水平的提高还会对其他周边地区的创新发展产生促进作用。原因是创新高水平地区往往拥有更多创新型人才、更高水平的研究型高校、更宽容的社会环境等有利于创新发展的要素（洪俊杰和石丽静，2017）。由于地理距离较近，地区之间容易发生频繁互动从而产生人员流动和知识溢出，这样就为创新高水平地区带动其他地区的创新发展创造了条件。

7.1.4 区域创新与收入差距之间存在非线性关系

随着创新对生产率和经济增长的积极作用逐渐被证实，各个国家和地区都在呼吁和强调发展创新。然而在收入分配矛盾已经凸显的中国，创新发展是否会对收入差距产生影响，这不仅是创新所带来的益处如何分配的问题，还关乎创新接下来将要采取何种发展模式。本书从城市和个体两个层面对区域创新与收入差距的关系进行了实证研究。在城市样本检验中，使用加入创新的二次项、面板门槛回归和考虑地区异质性等方法均证明了区域创新与收入差距之间存在倒 U 形关系，即随着创新水平的提高，收入差距会经历先扩大后缩小的变化。在微观个体分析中，本书将劳动力划分为高技能和低技能两种，在对 Mincer 工资方程进行扩展后，还考虑了城市的其他因素、创新对劳动力收入影响的滞后性以及创新与劳动力收入之间的反向因果关系等对模型结果的影响，分析了区域创新与劳动力收入之间的关系。最终得到区域创新对高技能劳动力收入存在积极影响、与低技能劳动力收入之间呈 U 形关系，即随着创新发展，高技能劳动力收入会一直增加，而低技能劳动力收入会先减少后增加。微观个体分析进一步解释了区域创新如何通过影响不同类型劳动力的收入从而造成总体收入差距变化，也为城市样本研究提供了微观证据。

区域创新会通过生产率、专利、高技能劳动力流动、技能偏向型技术进步和就业补偿效应等影响劳动力的收入从而造成收入差距变化。其中，创新提高生产率会对高技能劳动力和低技能劳动力的收入都产生正向影响，两者收入均能得到不同程度的提高；由于专利的申请者大多属于高技能劳动力，因此专利在售出和应用过程中所产生的利润仅仅增加了这部分人群的收入从而扩大了收入差距；创新高水平地区容易吸引高技能劳动力迁入，这类人群的集聚有利于进一步促进创新的发展从而增加自身收入，同时高技能劳动力还会对低技能劳动力产生溢出作用，帮助低技能劳动力提高知识和技能水平，因此两类劳动力的收入均能得到提高；创新带来的技能偏向型技术进步增加了对高技能劳动力的需求，所造成的直接结果是这类人群收入的增加和低技能劳动力收入的减少甚至失业；而随着高技能劳动力收入水平的提高，他们往往会对服务业（尤其是家庭服务业）产生更强的依赖，这就增加了对低技能劳动力的需求，最终通过这种就业补偿效应提高了低技能劳动力的收入。区域创新与收入差距之间的倒U形关系说明在创新发展的初始阶段，生产率、专利、高技能劳动力流动和技能偏向型技术进步对高技能劳动力收入的积极影响，以及技能偏向型技术进步造成低技能劳动力失业或收入下降的作用占主导地位；而当创新水平发展到一定阶段时，生产率、高技能劳动力流动以及就业补偿效应对低技能劳动力收入的促进作用开始显现出来。

7.2 政策启示

7.2.1 加大对东北和中西部地区高校研发人员和研发资金投入

当前中国创新水平的地区差异较大，具体表现为东部地区的创新水平明显高于其他地区，并且这种差距还在继续扩大。另外，中央部署高校的分布具有明显的行政指向性（胡浩等，2014），全国主要高校资源都集中在北京和上海等地，同时高校研发投入较多的地区也主要是以北京、上海、南京和广州为主的东部地区。与东部地区相比，我国东北、中部和西部地区整体高校资源较少，研发投入也不足。

本书的实证研究证明，增加高校研发投入有利于促进区域创新水平的提高。因此，为缓解区域创新发展的不平衡程度，避免陷入“强者恒强，弱者恒弱”的马太效应（程叶青等，2014；郭泉恩和孙斌栋，2016），建议加大对东北和中西部地区高校研发人员和研发资金投入。通过增加对高校研发事业的支持力度能够提高科研人员的积极性，有利于高校科研发展，从而促进高校研发对区域创新发展的积极作用，最终达到提高东北和中西部地区的创新水平、缩小其与东部地区差距的目的。

7.2.2 通过加强相邻地区间合作促进创新均衡发展

创新在空间上的溢出作用已经得到学界肯定。然而，不同尺度下创新的溢出效果不同。一般来说，在尺度越小的地理单元，创新的溢出作用越明显（约翰·弗农·亨德森和雅克—弗朗索瓦·蒂斯，2012）。本书已证明创新在地级及以上城市之间存在正向溢出效应，即城市的创新发展还会带动其他周边城市创新水平的提高。

要使区域创新得到均衡发展，其中一条途径就是充分利用创新的正向溢出效应。建议加强相邻地区间的信息交流和人员流动，鼓励设立跨地区的创新协调组织，通过举办各种形式的科研活动来进一步促进地区间的创新合作。这样不仅可以避免科研活动重复从而实现创新绩效最大化，还可以通过人员之间的交流沟通行为产生知识溢出，提高地区的创新水平，实现地区互赢。同时，政府在制定创新发展政策时，除了根据各地区的特点因地制宜发展创新之外，还要将创新在地区间的这种相互作用纳入考虑范围，最终实现创新的可持续发展。

7.2.3 促进高技能劳动力对低技能劳动力的正向溢出

创新在发展的初始阶段对技术的依赖性较强，导致对高技能劳动力的需求较多，因此这部分人群的就业量和收入在此阶段都能得到提高。与高技能劳动力相比，低技能劳动力由于竞争力较弱，不得不面对收入减少甚至失业的局面，最终造成两者之间的收入差距扩大。然而，知识的公共产品属性使知识能够自然而然地在人群中溢出。在平时的交流和学习过程中，高技能劳动力能够帮助低技能劳动力中那些天分较好、学习能力较强的人群充分发挥其自身才能，提高他们的工作技能和收入，最终两者之间的收入差距得到缩小（Florida，2007）。高技能劳动力对低技能劳动力的这种溢出作用有助于缓和收入差距。因此，应适当增加两种不同类型劳动力之间的接触机会，如开设培训课程，由高技能劳动力向低技能劳动力进行授课，或鼓励部分低技能劳动力与高技能劳动力一起参与管理工作等。

高技能劳动力对低技能劳动力的正向溢出作用是缓解收入分配矛盾的一个重要途径。除了通过增加两类劳动力之间互动交流的机会来促进高技能劳动力的主动溢出，作为接收方的低技能劳动力，提高自身的教育水平和接受能力也是保证溢出效果的重要方面。国家应重视地方尤其是农村及偏远地区教育事业的发展，提高国民平均教育水平。此外，还应大力发展职业教育，对受教育程度较低的劳动力进行专业技能培训（李海宗和陈磊，2012）。这些措施都能从根本上最大化高技能劳动力对低技能劳动力的正向溢出效果，达到缩小收入差距、维护社会安稳和增强人民幸福感的目的（吴江洁和孙斌栋，2016）。

7.2.4 政府应改善低技能劳动力就业的制度环境

除高技能劳动力的溢出作用外，对低技能劳动力的就业补偿效应是缓解收入分配矛盾的另一重要途径。就业补偿效应是指，随着高技能劳动力工作越来越繁忙、收入越来越丰厚，他们对生活品质的要求也越来越高，当面对打扫卫生、照顾老人和小孩等家庭工作时，他们往往会选择聘请服务人员代劳。高技能劳动力的这种依赖为低技能劳动力提供了大量的就业机会，这部分低技能劳动力的收入能够得到增加。实际上，通过规范市场化经营，在对低技能劳动力进行专业管理培训后，大部分低技能劳动力均能获得较为可观的薪水，有的甚至高于一般白领。

然而，目前中国的就业市场还存在较为严重的户籍歧视（李骏和顾燕峰，2011；Démurger 等，2012；宁越敏，2014），如拥有非农户籍的劳动力进入国企和垄断行业的机会就比拥有农业户籍的劳动力高出 2.6 ~ 12.8 倍（章莉等，2016）。农民工在进入劳动力市场时遭遇户籍壁垒，其公平就业的机会就会受到侵害。对农村户籍劳动力的这种差别对待，还会通过累积效应抑制农民工进行人力资本投资的积极性。由于中国城乡人力资本差距较大，大部分农村地区的居民都属于低技能劳动力，因此要想保证低技能劳动力的就业补偿效应能够充分发挥作用，还需要缓解劳动力就业市场中的户籍歧视程度，改善低技能劳动力（尤其是农民工）的就业制度环境（宁越敏，2012；章莉等，2014，2016）。因此，建议政府部门加强呼吁和宣传就业公平，制定相关政策禁止企业在招工过程中对应聘人员设置户籍要求，设立专门机构为低技能劳动力提供免费维权服务，同时确保农民工就业升职机会的公平性，加大劳动力市场的竞争性。

7.3 研究不足与展望

本书打破已有相关文献大多以异质性较大的省域为研究单元的局面，选择地级及以上城市为研究单元，将基于网络爬虫技术构建的中国城市专利统计数据与多年统计年鉴数据和微观调查数据相结合共同构成本书研究的实证数据来源，使用 ArcGIS、Geoda、Stata 和 Matlab 等专业软件，应用空间分析、计量地理学、计量经济学和空间计量经济学等研究方法，首先分析了自 1986 年以来中国区域创新随时间收敛趋势和空间动态分布情况；其次，从高校视角分析了区域创新时空演变的影响因素，并讨论了创新在地级及以上城市间的空间溢出情况；再次，从城市层面分析了区域创新与收入差距的关系，同时结合个体调查数据考察了区域创新对高技能劳动力和低技能劳动力收入的影响，也为区域创新影响收入差距的城市样本研究提供微观证据；最后，根据研究结果，本书分别从如何缓和创新的空间差异程度以及缩小地区收入差距等方面提出了政策建议。本书对中国区域创新的时空演变及其对收入差距的影响做了较为翔实的研究，但由于笔者能力有限、时间紧迫以及受数据限制较大等原因，本书难免存在一些不足之处，建议下一步的相关研究可以至少从以下四个方面进行扩展：

（1）考虑政策因素对区域创新时空演变的影响。本书对中国自 1986 年以来 288 个地级及以上城市创新水平的时空动态演变进行了分析，发现创新水平存在明显的地区差异，并且地区间的内部差距呈现出继续扩大的趋势。本书较为完整地对创新水平在时间和空间上的动态变化情况进行了观察和分析，在一定程度上揭示了区域创新的发展规律。但由于城市尺度的创新相关数据较少，与大多数研究一样，本书还是以对创新发展规律进行总结和归纳为主要内容，对其内在原因分析的展开却仍然不够充分。中国的区域政策与区域规划，尤其是国家级新区的设立、各类城市群及经济区规划的制定，对区域间要素流动及其空间配置的影响较大，这些均在一定程度上影响区域创新的空间分布。因此，未来的相关研究应当将政策与规划的影响纳入区域创新演变的研究框架中。

（2）基于高校合作网络视角研究区域创新时空演变的影响因素。本书基于高校视角，从高校研发人员和研发资金两方面分析了区域创新的影响因素。而实际上，高校对区域创新发展的影响不止存在于以上两个方面，高校还会通过与企业、政府之间的合作影响区域创新，因此高校合作网络同样是区域创新发展的重要影响因素。产学合作和官学合作程度一般以高校科研经费中来自企业和政府的比重表示（吴玉鸣，2009；徐盈之和金乃丽，2010；何小洲和何优军，2016），但目前对全国范围城市单元的高校科研经费来源的统计数据仍然匮乏。随着创新研究的发展和相关数据的逐步公开，建议在今后的研究中进一步丰富高校知识溢出的内涵，除了考虑高校研发投入外，还应基于三螺旋创新理论（张海滨和陈笃彬，2012；庄涛和吴洪，2015），将城市尺度的官产学研合作网络纳入区域创新影响因素的分析框架中。

（3）控制高校类型对高校与区域创新关系的影响。参照学界已有相关研究，本书采用每百万人均拥有专利申请数这一常用指标作为区域创新水平的代理变量。然而，使用专利来表示创新水平更多反映的是该地区技术创新的发展情况。与理工类学校不同，国内大部分非理工类学校因为专业设置和发展方向不同，其研发活动的发展更偏向于理论创新，而非技术创新。同时在全国所有高校中，对区域创新发展起较大作用应属研究型高校。因此在实证研究中，高校的类型可能会影响高校与区域创新关系的研究结果。由于目前尚缺乏对城市尺度高校类型的统计数据，故在本书研究中还暂时无法控制高校类型对高校与区域创新关系的影响。随着国家对创新发展的重视，区域创新与高校相关统计数据逐步丰富，接下来的研究可以将高校类型纳入考虑范围，将理工类学校与非理工类学校、研究型高校与非研究型高校区分开，分析不同类型的高校对区域创新的影响，进一步深化高校影响区域创新的研究。

（4）构建微观面板数据研究区域创新与收入差距的关系。本书对劳动力相对需求模型和 Mincer 工资方程进行扩展，从城市样本检验和微观个体分析两个角度深入分析了区域创新对收入差距的影响。但由于中国综合社会调查数据从 2010 年起更新了调查问卷和抽样方案以开始第二期调查，并自 2012 年起就不再公布所调查对象的地理信息，导致当基于微观尺度分析创新对高技能和低技能这两种劳动力收入的影响时，2010 年的调查数据是本书所能使用的最新数据。由于本书所使用的微观调查数据是截面数据，不像面板数据能够控制个体和地区那些不随时间而改变的因素对模型结果的影响。同时，面板数据兼顾时间和横截面两个维度，能够有效扩大样本量，提高模型估计的精确度。因此在下一步的研究中，构建微观面板数据对区域创新影响不同类型劳动力收入进行分析是今后努力的方向。

目前欧美发达国家和地区的创新相关研究成果较为丰富，国内研究则相对起步较晚。同时，学界对中国区域创新问题的研究还主要停留在空间结构和影响因素等方面，对除经济增长以外的创新绩效研究还相对较少。可能的原因是创新活动最早发生在发达国家和地区，且这些地区的创新水平也普遍高于中国，因此其创新发展获得了学界更多的关注。然而，中国的创新发展已经取得一定成绩（Li 等，2015；王胜光和王旭琰，2015；鲁诚至，2017），并且在国家和地方政府的鼓励和扶持下，加上地方企业、高校等创新主体的积极参与，今后会取得更大的突破。在这样的背景下，学界不仅要了解创新水平的空间分布和影响因素，还应深入关注创新发展所带来益处的分配问题，全面了解创新对国家和社会所产生的影响，为中国创新发展政策的制定提供有力支撑。

附 录

附录 1 书中所涉及微观调查问卷的部分内容

中国综合社会调查（CGSS）

2010 年度调查问卷

（居民问卷）

1. 问卷编号：[____ | ____ | ____ | ____ | ____]
2. 样本序号：[____ | ____ | ____]
3. 抽样页类型：[____]
4. 调查地点：（记录地点的名称）

省/自治区/直辖市名称：____________________

市 + 县/区名称：____________________

乡/镇/街道名称：____________________

居委会/村委会名称：____________________

5. 样本类型：

城市（居委会/社区） ………………………………………… 1

农村（村委会） ………………………………………………… 2

6. 访问员（签名）：__________代码：______ ______ ______ ______

7. 一审（签名）：__________

二审（签名）：__________

复核（签名）：__________

关于中国综合社会调查（CGSS）的说明

中国综合社会调查（Chinese General Social Survey，CGSS），是中国第一个全国性、综合性、连续性的大型社会调查项目。目的是通过定期、系统地收集中国人与中国社会各个方面的数据，总结社会变迁的长期趋势，探讨具有重大理论和现实意义的社会议题，推动国内社会科学研究的开放性与共享性，为政府政策决策与国际比较研究提供数据资料。

中国综合社会调查由中国人民大学联合全国各地的学术机构共同执行。从2003 年开始，每年对全国各地 1 万多户家庭进行抽样调查。经过严格的科学抽样，我们选中了您家作为调查对象。您的合作对于我们了解有关情况和制定社会政策，有十分重要的意义。为了获得准确的数据，请您根据实际情况，回答访问员提出的问题。如果因此而对您的生活和工作造成不便，我们深表歉意，请您理解和帮助我们的工作。

对问卷中问题的回答，没有对错之分，您只要根据平时的想法和实际情况回答就行。对于您的回答，我们将按照《中华人民共和国统计法》的规定，严格保密，并且只用于统计分析，请您不要有任何顾虑。根据《中华人民共和国统计法》第三章第十四条，我们会对您所提供的所有信息绝对保密。我们在以后的科学研究、政策分析以及观点评论中发布的是大量问卷的信息汇总，而不是您个人、家庭、村委会/居委会的具体信息，不会造成您个人、家庭、村委会/居委会信息的泄露。请您放心。

在________（省、自治区、直辖市）的调查，由中国人民大学和________

（合作单位名称）联合进行。参与调查的所有访问员和督导员都佩戴有中国人民大学统一核发的证件，如果您对调查员的身份有任何疑问，欢迎您随时拨打电话（010－62516896）进行核查。

希望您协助我们完成这次访问，谢谢您的合作。

中国人民大学中国调查与数据中心

2010 年

问卷内容（部分）

社会人口属性

A2. 性别（访问员记录）

男 …………………………………………………………………… 1

女 …………………………………………………………………… 2

A3. 您的出生日期是什么？［记录公历年。如果被访者以农历、生肖或其他方式报告自己的出生年，请换算成公历后再记录］

记录：［____|____|____|____］年［____|____］月［____|____］日

A7a. 您目前的最高受教育程度（包括目前在读的）：

没有受过任何教育 ………………………………… 01 →跳问 A8a

私塾 ………………………………………………… 02 →跳问 A8a

小学 ………………………………………………… 03

初中 ………………………………………………… 04

职业高中 …………………………………………… 05

普通高中 …………………………………………… 06

中专 ………………………………………………… 07

技校 ………………………………………………… 08

大学专科（成人高等教育） ……………………… 09

大学专科（正规高等教育） ………………………………… 10

大学本科（成人高等教育） ………………………………… 11

大学本科（正规高等教育） ………………………………… 12

研究生及以上 ……………………………………………… 13

其他（请注明：____________________） ……………… 14

A7b. 您目前的最高受教育程度：

正在读……………………………………………………… 1

辍学和中途退学…………………………………………… 2

肄业………………………………………………………… 3

毕业………………………………………………………… 4

A8a. 您个人去年全年的总收入是多少？（记录具体数字，并高位补零）

百万位	十万位	万位	千位	百位	十位	个位
____	____	____	____	____	____	____元

9999997.［不适用］// 9999998.［不知道］//9999999.［拒绝回答］

A10. 您目前的政治面貌是：

共产党员，入党时间：［____|____|____|____］年 …… 1

民主党派 …………………………………………………… 2

共青团员 …………………………………………………… 3

群众………………………………………………………… 4

A15. 您觉得您目前的身体健康状况：

很不健康 …………………………………………………… 1

比较不健康………………………………………………… 2

一般………………………………………………………… 3

比较健康 …………………………………………………… 4

很健康……………………………………………………… 5

迁移

A18. 您目前的户口登记状况：

农业户口 ………………………………………………… 1→ 跳问 A21

非农业户口 ………………………………………………………… 2

蓝印户口 …………………………………………………………… 3

居民户口（例如：户籍制度改革后的广东） ……………… 4

军籍 ………………………………………………………………… 5

没有户口 …………………………………………………………… 6→ 跳问 A25

其他（请注明：____________）……………………………… 7→ 跳问 A21

政治参与行为与态度

A45. 请问您是不是工会会员？

是 …………………………………………………………………… 1

以前是，现在不是 ……………………………………………… 2

从来都不是 ………………………………………………………… 3

家庭

69. 您目前的婚姻状况：

未婚 ……………………………………………… 1→跳问 A89a（第 21 页）

同居 ………………………………………………………………… 2

已婚 ………………………………………………………………… 3

分居未离婚 ………………………………………………………… 4

离婚 ………………………………………………………………… 5

丧偶 ………………………………………………………………… 6

完整问卷请到 NSDA 中国国家调查数据库：（http：//www. cnsda. org/index. php？ r = projects/view&id = 15553986）

附录2　根据调查对象所从事职业的劳动力分类

劳动力类型	具体职业
高技能劳动力	Accountants
	Accounting and bookkeeping clerks
	Administrative associate professionals
	Agronomy and forestry technicians
	Appraisers, valuers and auctioneers
	Architects, engineers and related professionals
	Architects, engineers and related professionals not elsewhere classified
	Architects, town and traffic planners
	Archivists and curators
	Artistic, entertainment and sports associate professionals
	Authors, journalists and other writers
	Business professionals not elsewhere classified
	Cartographers and surveyors
	Chemical and physical science technicians
	Civil engineering technicians
	Coding, proof – reading and related clerks
	College, university and higher education teaching professionals
	Composers, musicians and singers
	Computer associate professionals
	Computer programmers
	Computer systems designers and analysts
	Computing professionals
	Computing services department managers
	Customs, tax and related government associate professionals
	Decorators and commercial designers
	Dentists

续表

劳动力类型	具体职业
高技能劳动力	Directors and chief executives
	Earth – moving – and related plant operators
	Education methods specialists
	Electronics and telecommunications engineers
	Film, stage and related actors and directors
	Finance and administration department managers
	Finance and sales associate professionals
	General managers
	General managers in agriculture, hunting, forestry and fishing
	General managers in construction
	General managers in manufacturing
	General managers in personal care, cleaning and related services
	General managers not elsewhere classified
	General managers of restaurants and hotels
	Government tax and excise officials
	Health professionals (except nursing) not elsewhere classified
	Home – based personal care workers
	Institution – based personal care workers
	Judges
	Lawyers
	Legal and related business associate professionals
	Legal professionals
	Legal professionals not elsewhere classified
	Librarians and related information professionals
	Library and filing clerks
	Library, mail and related clerks
	Mechanical engineers
	Medical assistants
	Medical doctors
	Numerical clerks
	Nursing and midwifery professionals

续表

劳动力类型	具体职业
高技能劳动力	Office clerks
	Other department managers
	Other teaching professionals
	Other teaching professionals not elsewhere classified
	Painters and related workers
	Personal care and related workers not elsewhere classified
	Personnel and careers professionals
	Personnel and industrial relations department managers
	Pharmacists
	Philologists, translators and interpreters
	Photographers and image and sound recording equipment operators
	Physical and engineering science associate professionals
	Physical, mathematical and engineering science professionals
	Police inspectors and detectives
	Police officers
	Pre – primary education teaching professionals
	Primary education teaching professionals
	Production and operations department managers
	Production and operations department managers in construction
	Production and operations department managers in manufacturing
	Production and operations department managers in wholesale and retail trade
	Professionals
	Sales and marketing department managers
	Sanitarians
	Scribes and related workers
	Sculptors, painters and related artists
	Secondary education teaching professionals
	Secretaries and keyboard – operating clerks
	Securities and finance dealers and brokers
	Senior government officials
	Senior officials of employers', workers' and other economic – interest organizations

续表

劳动力类型	具体职业
高技能劳动力	Senior officials of special – interest organizations
	Ship and aircraft controllers and technicians
	Social work associate professionals
	Statistical and finance clerks
	Statistical, mathematical and related associate professionals
	Supply and distribution department managers
	Teaching associate professionals
	Teaching professionals
	Technicians and associate professionals
	Veterinarians
	Word – processor and related operators
低技能劳动力	Abrasive wheel formers, potters and related workers
	Agricultural and other mobile – plant operators
	Agricultural, fishery and related labourers
	Aircraft engine mechanics and fitters
	Assemblers
	Automated – assembly – line operators
	Bakers, pastry – cooks and confectionery makers
	Basketry weavers, brush makers and related workers
	Blacksmiths, hammer – smiths and forging – press workers
	Blacksmiths, tool – makers and related trades workers
	Bleaching – , dyeing – and cleaning – machine operators
	Bricklayers and stonemasons
	Builders, traditional materials
	Building caretakers
	Building construction labourers
	Building frame and related trades workers
	Building frame and related trades workers not elsewhere classified
	Bus and tram drivers
	Business services agents and trade brokers
	Business services agents and trade brokers not elsewhere classified

续表

劳动力类型	具体职业
低技能劳动力	Butchers, fishmongers and related food preparers
	Buyers
	Cabinet makers and related workers
	Car, taxi and van drivers
	Carpenters and joiners
	Cashiers and ticket clerks
	Cashiers, tellers and related clerks
	Charcoal burners and related workers
	Chemical – processing – plant operators
	Chemical – products machine operators not elsewhere classified
	Child – care workers
	Clerks
	Computer equipment operators
	Concrete placers, concrete finishers and related workers
	Construction and maintenance labourers: Roads, dams and similar constructions
	Cooks
	Craft and related trades workers
	Crane, hoist and related plant operators
	Crushing –, grinding – and chemical – mixing – machinery operators
	Customer services clerks
	Dairy – products makers
	Data entry operators
	Debt – collectors and related workers
	Domestic and related helpers, cleaners and launderers
	Domestic helpers and cleaners
	Doorkeepers, watchpersons and related workers
	Door – to – door and telephone salespersons
	Drivers and mobile – plant operators
	Drivers of animal – drawn vehicles and machinery
	Electrical line installers, repairers and cable jointers
	Electronic – equipment assemblers

续表

劳动力类型	具体职业
低技能劳动力	Electronics and telecommunications engineering technicians
	Electronics fitters
	Elementary occupations
	Estate agents
	Extraction and building trades workers
	Farm – hands and labourers
	Fibre preparers
	Fibre – preparing – , spinning – and winding – machine operators
	Food processing and related trades workers
	Forestry workers and loggers
	Freight handlers
	Fruit, vegetable and related preservers
	Furriers and related workers
	Gardeners, horticultural and nursery growers
	Glass makers, cutters, grinders and finishers
	Hairdressers, barbers, beauticians and related workers
	Hand or pedal vehicle drivers
	Hand packers and other manufacturing labourers
	Handicraft workers in textile, leather and related materials
	Handicraft workers in wood and related materials
	Handicraft workers in wood, textile, leather and related materials
	Hand – launderers and pressers
	Heavy – truck and lorry drivers
	Helpers and cleaners in offices, hotels and other establishments
	Housekeepers and related workers
	Inland and coastal waters fishery workers
	Jewellery and precious – metal workers
	Locomotive – engine drivers
	Machine operators and assemblers
	Machinery mechanics and fitters
	Machine – tool setters and setter – operators

续表

劳动力类型	具体职业
低技能劳动力	Mail carriers and sorting clerks
	Market gardeners and crop growers
	Market - oriented animal producers and related workers not elsewhere classified
	Market - oriented crop and animal producers
	Material - recording and transport clerks
	Messengers, package and luggage porters and deliverers
	Messengers, porters, doorkeepers and related workers
	Metal moulders, welders, sheet - metal workers, structural - metal preparers, and related trades workers
	Metal wheel - grinders, polishers and tool sharpeners
	Metal, machinery and related trades workers
	Miners and quarry workers
	Miners, shotfirers, stone cutters and carvers
	Mining and construction labourers
	Mining and quarrying labourers
	Mining engineers, metallurgists and related professionals
	Mining - plant operators
	Mixed - animal producers
	Motor vehicle mechanics and fitters
	Motor - cycle drivers
	Motor - vehicle drivers
	Paper - products machine operators
	Personal and protective services workers
	Pharmaceutical - and toiletry - products machine operators
	Photographic and related workers
	Plant and machine operators and assemblers
	Plastic - products machine operators
	Potters, glass - makers and related trades workers
	Poultry producers
	Power - production and related plant operators
	Printing and related trades workers

续表

劳动力类型	具体职业
低技能劳动力	Prison guards
	Production clerks
	Protective services workers
	Protective services workers not elsewhere classified
	Radio, television and other announcers
	Receptionists and information clerks
	Roofers
	Rubber – products machine operators
	Safety, health and quality inspectors
	Service workers and shop and market sales workers
	Sewers, embroiderers and related workers
	Ships' deck crews and related workers
	Ships' deck officers and pilots
	Shoe cleaning and other street services elementary occupations
	Shoe – makers and related workers
	Shoemaking – and related machine operators
	Shop salespersons and demonstrators
	Shotfirers and blasters
	Stall and market salespersons
	Stenographers and typists
	Stock clerks
	Stone splitters, cutters and carvers
	Street food vendors
	Street vendors and related workers
	Street vendors, non – food products
	Street, night – club and related musicians, singers and dancers
	Structural – metal preparers and erectors
	Sweepers and related labourers
	Tailors, dressmakers and hatters
	Telegraph and telephone installers and servicers
	Telephone switchboard operators

续表

劳动力类型	具体职业
低技能劳动力	Tellers and other counter clerks
	Textile, garment and related trades workers
	Traditional chiefs and heads of villages
	Transport clerks
	Transport conductors
	Travel attendants and travel stewards
	Travel guides
	Tree and shrub crop growers
	Upholsterers and related workers
	Vehicle, window and related cleaners
	Vending – machine money collectors, meter readers and related workers
	Waiters, waitresses and bartenders
	Weavers, knitters and related workers
	Weaving – and knitting – machine operators
	Welders and flamecutters
	Well drillers and borers and related workers
	Wood treaters
	Wood treaters, cabinet – makers and related trades workers

注：表中调查对象的职业信息来自 2010 年 CGSS 数据。

参考文献

[1] Abramovsky L. Geographic proximity and firm – university innovation linkages: Evidence from Great Britain [J]. Journal of Economic Geography, 2011, 11 (6): 949 – 977.

[2] Acemoglu D. Why do new technologies complement skills? Directed technical change and wage inequality [J]. Quarterly Journal of Economics, 1998, 113 (4): 1055 – 1089.

[3] Acemoglu D., Aghion P., Violante G. L. Deunionization, technical change and inequality [J]. Carnegie – Rochester Conference Series on Public Policy, 2001, 55 (1): 229 – 264.

[4] Acemoglu D. Technical change, inequality, and the labor market [J]. Journal of Economic Literature, 2002, 40 (1): 7 – 72.

[5] Acs Z. J., Anselin L., Varga A. Patents and innovation counts as measures of regional production of new knowledge [J]. Research Policy, 2002, 31 (7): 1069 – 1085.

[6] Afridi F., Li S. X., Ren Y. Social identity and inequality: The impact of China's hukou system [J]. Journal of Public Economics, 2015, 123 (1): 17 – 29.

[7] Aghion P., Akcigit U., Bergeaud A., et al. Innovation and top income inequality [J]. NBER Working Paper No. 21247, 2015.

[8] Agrawal A., Henderson R. Putting patents in context: Exploring knowledge

transfer from MIT [J]. Management Science, 2002, 48 (1): 44-60.

[9] Allen S. G. Technology and the wage structure [J]. Journal of Labor Economics, 2001, 19 (2): 440-483.

[10] Altuzarra A. Convergence in R&D intensity across European countries: A fractional integration approach [J]. Acta Oeconomica, 2016, 66 (2): 351-374.

[11] Amaia A. Convergence in the innovative performance of the European Union Countries [J]. Transition Studies Review, 2010, 17 (1): 22-38.

[12] Angelini E. C., Farina F., Pianta M. Innovation and wage polarisation in Europe [J]. International Review of Applied Economics, 2009, 23 (3): 309-325.

[13] Anselin L., Bera A. K. Spatial dependence in linear regression models with an introduction to spatial econometrics [M] //Aman U., Giles D. E. A. Statistics textbooks and monographs. Basel: Marcel Drekker, 1998: 237-285.

[14] Antonelli C., Gehringer A. Innovation and income inequality [J]. IDEAS Working Paper, 2013.

[15] Appleton S., Song L., Xia Q. Understanding urban wage inequality in China 1988—2008: Evidence from quantile analysis [J]. World Development, 2014, 62 (1): 1-13.

[16] Arundel A. The relative effectiveness of patents and secrecy for appropriation [J]. Research Policy, 2001, 30 (4): 611-624.

[17] Autor D. H., Dorn D. The growth of low-skill service jobs and the polarization of the US labor market [J]. The American Economic Review, 2013, 103 (5): 1553-1597.

[18] Backman M., Loof H. The geography of innovation and entrepreneurship [J]. Annals of Regional Science, 2015, 55 (1): 1-6.

[19] Bank T. Sharing rising incomes: Disparities in China [R]. 1997.

[20] Barro R. J., Xavier S-I-M. Convergence [J]. Journal of Political Economy, 1992, 100 (2): 223-251.

[21] Bass F. M. A new product growth for model consumer durables [J].

Management Science, 1969, 15 (5): 215 - 227.

[22] Baum Snow N., Pavan R. Inequality and city size [J]. Review of Economics and Statistics, 2013, 95 (5): 1535 - 1548.

[23] Beckmann M. J. The analysis of spatial diffusion processes [J]. Papers in Regional Science, 1970, 25 (1): 108 - 117.

[24] Bellante D. The North - South differential and the migration of heterogeneous labor [J]. American Economic Review, 1979, 69 (1): 166 - 175.

[25] Bilbao - Osorio B., Rodríguez - Pose A. From R&D to innovation and economic growth in the EU [J]. Growth and Change, 2004, 35 (4): 434 - 455.

[26] Bowman K. J., Taengnoi S. Invention, innovation, and wage inequality in developed countries [J]. Eastern Economic Journal, 2013, 39 (4): 511 - 529.

[27] Branstetter L., Ogura Y. Is academic science driving a surge in industrial innovation? Evidence from patent citations [R]. National Bureau of Economic Research, 2005.

[28] Braverman H. Labor and monopoly capital: The degradation of work in the twentieth century [M]. New York and London: NYU Press, 1998.

[29] Breau S., Kogler D. F., Bolton K. C. On the relationship between innovation and wage inequality: New evidence from Canadian cities [J]. Economic Geography, 2014, 90 (4): 351 - 373.

[30] Broekel T. Do cooperative research and development (R&D) subsidies stimulate regional innovation efficiency? Evidence from Germany [J]. Regional Studies, 2013, 49 (7): 1 - 24.

[31] Brostrom A. The Triple Helix: University - industry - government innovation in action [J]. Papers in Regional Science, 2011, 90 (2): 441 - 442.

[32] Brown L. A., Lentnek B. Innovation diffusion in a developing economy: A mesoscale view [J]. Economic Development & Cultural Change, 1973, 21 (2): 274 - 292.

[33] Bruche G. A new geography of innovation—China and India rising [J]. Transnational Corporations Review, 2009, 1 (4): 24 - 27.

[34] Buzard K. , Carlino G. A. The geography of research and development activity in the U. S [J] . FRB of Philadelphia Working Paper No. 9 – 16, 2009.

[35] Card D. , Dinardo J. E. Skill – biased technological change and rising wage inequality: Some problems and puzzles [J] . Journal of Labor Economics, 2002, 20 (4): 733 – 783.

[36] Carlino G. A. , Hunt R. M. , Carr J. K. , et al. The agglomeration of R&D labs [J] . Working Papers, 2010.

[37] Carrincazeaux C. , Lung Y. , Rallet A. Proximity and localisation of corporate R&D activities [J] . Research Policy, 2001, 30 (5): 777 – 789.

[38] Castellacci F. Closing the technology Gap? [J] . Review of Development Economics, 2011, 15 (1): 180 – 197.

[39] Charlot S. , Duranton G. Communication externalities in cities [J] . Journal of Urban Economics, 2004, 56 (3): 581 – 613.

[40] Chen K. , Kenney M. Universities research institutes and regional innovation systems: The cases of Beijing and Shenzhen [J] . World Development, 2007, 35 (6): 1056 – 1074.

[41] Chesbrough H. W. Open innovation: The new imperative for creating and profiting from technology [M] . Boston: Harvard Business Press, 2006.

[42] Chuang M. , Johnson W. H. A. , Tiong R. A comparative innovation study of China, Japan and Taiwan [J] . Chinese Management Studies, 2010, 4 (4): 385 – 400.

[43] Chusseau N. , Dumont M. , Hellier J. Expaining rising inequality: Skill – biased technical change and north – south trade [J] . Journal of Economic Surveys, 2008, 22 (3): 409 – 457.

[44] Coad A. , Rao R. Innovation and firm growth in high – tech sectors: A quantile regression approach [J] . Research Policy, 2008, 37 (4): 633 – 648.

[45] Colino A. , Armengot C. R. , Benitoosorio D. How much does innovation matter for economic growth? [J] . Management Decision, 2014, 52 (2): 313 – 325.

[46] Cowan R., Zinovyeva N. University effects on regional innovation [J]. Research Policy, 2013, 42 (3): 788 – 800.

[47] Cozzi G., Impullitti G. Technology policy and wage inequality [J]. IDEAS Working Papers, 2006.

[48] Crescenzi R., Rodríguez – Pose A., Storper M. The territorial dynamics of innovation in China and India [J]. Journal of Economic Geography, 2012, 12 (5): 1055 – 1085.

[49] Démurger S., Li S., Yang J. Earnings differentials between the public and private sectors in China: Exploring changes for urban local residents in the 2000s [J]. China Economic Review, 2012, 23 (1): 138 – 153.

[50] Das G. G. Does trade and technology transmission facilitate convergence? The role of technology adoption in reducing the inequality of nations [J]. Journal of Economic Policy Reform, 2008, 11 (1): 67 – 92.

[51] Donegan M., Lowe N. Inequality in the creative city: Is there still a place for "old – fashioned" institutions? [J]. Economic Development Quarterly, 2008, 22 (1): 46 – 62.

[52] Dorfman N. S. Route 128: The development of a regional high technology economy [J]. Research Policy, 1983, 12 (6): 299 – 316.

[53] Eeckhout J., Pinheiro R., Schmidheiny K. Spatial sorting [J]. Journal of Political Economy, 2014, 122 (3): 554 – 620.

[54] Elhorst J. P. Applied spatial econometrics: Raising the bar [J]. Spatial Economic Analysis, 2010, 5 (1): 9 – 28.

[55] Elhorst J. P. Spatial panel data models [M] //Elhorst J. P. Spatial Econometrics: From cross – section data to spatial panels. Berlin & Heidelberg, Germany: Springer, 2014: 63 – 68.

[56] Faggio G., Salvanes K. G., Van Reenen J. The evolution of inequality in productivity and wages: Panel data evidence [J]. Industrial and Corporate Change, 2010, 19 (6): 1919 – 1951.

[57] Fallah B., Partridge M. D., Rickman D. S. Geography and high – tech

employment growth in US counties [J]. Journal of Economic Geography, 2014, 14 (4): 683 - 720.

[58] Fang C. R., Huang L. H., Wang M. C. Technology spillover and wage inequality [J]. Economic Modelling, 2008, 25 (1): 137 - 147.

[59] Fitjar R. D., Huber F., Rodríguez - Pose A. Not too close, not too far: Testing the Goldilocks principle of "optimal" distance in innovation networks [J]. Industry and Innovation, 2016, 23 (6): 465 - 487.

[60] Florida R. The new American dream [J]. Washington Monthly, 2003, 35 (2): 2005 - 2009.

[61] Florida R. Cities and the creative class [M]. London: Routledge, 2005.

[62] Florida R. The flight of the creative class: The new global competition for talent [M]. New York: Harper Business, 2007.

[63] Florida R. The rise of the creative class revisited. 10th anniversary edition [J]. Washington Monthly, 2012, 35 (5): 593 - 596.

[64] Freitas I. M. B., Marques R. A., Silva E. M. D. P. E. University - industry collaboration and innovation in emergent and mature industries in new industrialized countries [J]. Research Policy, 2013, 42 (2): 443 - 453.

[65] Fritsch M., Franke G. Innovation, regional knowledge spillovers and R&D cooperation [J]. Research Policy, 2004, 33 (2): 245 - 255.

[66] Ginther D. K. A discussion of skill - biased technological change and wage inequality [M] //Ginther D. K., Zavodny M., Foley L. H. Technology, Growth, and the Labor Market. Dordrecht: Kluwer Academic Publishers, 2003: 161 - 167.

[67] Glaeser E. L., Resseger M., Tobio K. Inequality in cities [J]. Journal of Regional Science, 2009, 49 (4): 617 - 646.

[68] Goel M. Offshoring: Endogenous technology adoption, innovation and skill premium [J]. FREIT Working Paper, 2011.

[69] Goldin C., Katz L. F. The origins of technology - skill complementarity [J]. Quarterly Journal of Economics, 1998, 113 (3): 693 - 732.

[70] Goos M., Manning A., Salomons A. Job polarization in Europe [J].

The American Economic Review, 2009, 99 (2): 58 -63.

[71] Greiner A., Rubart J., Semmler W. Economic growth, skill - biased technical change and wage inequality: A model and estimations for the US and Europe [J]. Journal of Macroeconomics, 2004, 26 (4): 597 -621.

[72] Griliches Z. Sibling models and data in economics: Beginnings of a survey [J]. Journal of Political Economy, 1979a, 87 (5): 37 -64.

[73] Griliches Z. Issues in assessing the contribution of research and development to productivity growth [J]. The Bell Journal of Economics, 1979b, 10 (1): 92 -116.

[74] Griliches Z. Patent statistics as economic indicators: A survey [J]. Journal of Economic Literature, 1990, 28 (4): 1661 -1707.

[75] Grilliches Z. Productivity, R&D, and basic research at the firm level in the 1970's [J]. The American Economic Review, 1986, 76 (1): 141 -154.

[76] Grimalda G. F. One or many Kuznets Curves? Short and long run effects of the impact of skill - biased technological change on income inequality [J]. Social Science Electronic Publishing, 2004, 292 (6): 580 -589.

[77] Guan J., Chen K. Measuring the innovation production process: A cross - region empirical study of China's high - tech innovations [J]. Technovation, 2010, 30 (5): 348 -358.

[78] Hühne P., Herzer D. Is inequality an inevitable by - product of skill - biased technical change? [J]. Applied Economics Letters, 2017, 24 (18): 1346 - 1350.

[79] Hagerstrand T. The propagation of innovation waves [M]. Lund: Lund Studies in Geography, 1952.

[80] Hamilton L. Statistics with Stata: Version 12 [M]. Boston: Cengage Learning, 2012.

[81] Han J., Liu R., Zhang J. Globalization and wage inequality: Evidence from urban China [J]. Journal of International Economics, 2012, 87 (2): 288 - 297.

[82] Hansen B. E. Threshold effects in non – dynamic panels: Estimation, testing, and inference [J] . Journal of Econometrics, 1999, 93 (2): 345 – 368.

[83] Harryson S. , Kliknaite S. , Zedtwitz M. V. How technology – based university research drives innovation in Europe and China: Leveraging the power of proximity [J]. Journal of Technology Management in China, 2008, 3 (1): 12 – 46.

[84] Hazir C. S. , Lesage J. P. , Autant – Bernard C. The role of R&D collaboration networks on regional innovation performance [J] . IDEAS Working Paper, 2014.

[85] Hopkin J. , Lapuente V. , Moller L. Lower levels of inequality are linked with greater innovation in economies [J] . LSE American Politics and Policy, 2014.

[86] Hufbauer G. C. Synthetic materials and the theory of international trade [J]. Working Paper, 1966.

[87] Jaffe A. B. Demand and supply influences in R&D intensity and productivity growth [J] . Review of Economics & Statistics, 1988, 70 (3): 431 – 437.

[88] Jaffe A. B. Real effects of academic research [J] . The American Economic Review, 1989, 79 (5): 957 – 970.

[89] Jaumotte F. , Lall S. , Papageorgiou C. Rising income inequality: Technology, or trade and financial globalization? [J] . IMF Economic Review, 2013, 61 (2): 271 – 309.

[90] Jones L. E. , Manuelli R. A convex model of equilibrium growth: Theory and policy implications [J] . Journal of Political Economy, 1990, 98 (5): 1008 – 1038.

[91] Jungmittag A. Innovation dynamics in the EU: Convergence or divergence? A cross – country panel data analysis [J] . Empirical Economics, 2006, 31 (2): 313 – 331.

[92] Ka H. M. The quest for innovation and entrepreneurship: The changing role of university in East Asia [J] . Globalisation Societies & Education, 2012, 10 (3): 317 – 335.

[93] Keeley L. The taming of the new: Larry keeley workshop on innovation

[M] //Franklin C. Why Innovation Fails. London: Spiro, 2007.

[94] Kemeny T. Are international technology gaps growing or shrinking in the age of globalization? [J]. Journal of Economic Geography, 2011, 11 (1): 1-35.

[95] Kim J., Lee S. J., Marschke G. The influence of university research on industrial innovation [J]. NBER Working Paper No. 11447, 2005.

[96] Kim J. A university's role for regional innovation: Arizona universities' contribution to regional economic growth [J]. World Technopolis Association, 2015, 4 (2): 79-86.

[97] King C. J. University roles in technological innovation in California [C]. Research & Occasional Paper Series, 2007: 1-16.

[98] Kuchiki A., Tsuji M. From agglomeration to innovation: Upgrading industrial clusters in emerging economies [M]. New York: Palgrave Macmillan, 2010.

[99] Kung H., Schmid L. Innovation, growth, and asset prices [J]. The Journal of Finance, 2015, 70 (3): 1001-1037.

[100] Kurokawa Y. A survey of trade and wage inequality: Anomalies, resolutions and new trends [J]. Journal of Economic Surveys, 2014, 28 (1): 169-193.

[101] Kuznets S. Economic growth and income inequality [J]. The American Economic Review, 1955, 45 (1): 1-28.

[102] Lööf H., Broström A. Does knowledge diffusion between university and industry increase innovativeness? [J]. The Journal of Technology Transfer, 2008, 33 (1): 73-90.

[103] Lazzeretti L., Capone F. How proximity matters in innovation networks dynamics along the cluster evolution. A study of the high technology applied to cultural goods [J]. Journal of Business Research, 2016, 69 (12): 5855-5865.

[104] Lee J-W, Wie D. Technological change, skill demand, and wage inequality in Indonesia [J]. World Development, 2015, 67 (8): 238-250.

[105] Lee N. Are innovative regions more unequal? Evidence from Europe [J]. Environment and Planning C: Government and Policy, 2011, 29 (13): 2-23.

[106] Lee N., Rodríguez-Pose A. Innovation and spatial inequality in Europe

and USA [J] . Journal of Economic Geography, 2013, 13 (1): 1 -22.

[107] Lemieux T. The changing nature of wage inequality [J] . Journal of Population Economics, 2008, 21 (1): 21 -48.

[108] Li D., Wei Y. D., Wang T. Spatial and temporal evolution of urban innovation network in China [J] . Habitat International, 2015, 49 (5): 484 -496.

[109] Li T., Fu W. Spatial processes of regional innovation in Guangdong Province, China: Empirical evidence using a spatial panel data model [J] . Asian Journal of Technology Innovation, 2015, 23 (3): 304 -320.

[110] Lim U. The spatial distribution of innovative activity in U. S. metropolitan areas: Evidence from patent data [J] . Journal of Regional Analysis & Policy, 2003, 33 (2): 97 -98.

[111] Lin S. Are ivory towers truly ivory? Knowledge spillovers and firm innovation [J] . Journal of Economics and Business, 2015, 80 (4): 21 -36.

[112] Liu Q., Lawell L. The effects of innovation on income inequality in China [J] . The university of California, Davis: Working Paper, 2015.

[113] Lucas R. E. On the mechanics of economic development [J] . Journal of Monetary Economics, 1988, 22 (1): 3 -42.

[114] Lundvall B - Å, Joseph K., Chaminade C., et al. Handbook of innovation systems and developing countries: Building domestic capabilities in a global setting [M] . Edward Elgar Publishing, 2011.

[115] Maietta O. W. Determinants of university - firm R&D collaboration and its impact on innovation: A perspective from a low - tech industry [J] . Research Policy, 2015, 44 (7): 1341 -1359.

[116] Maliszewski P. Flexibility and its discontents [J] . The Baffler, 2003, 16 (1): 69 -79.

[117] Mccann E. J. Inequality and politics in the creative city - region: Questions of livability and state strategy [J] . International Journal of Urban & Regional Research, 2007, 31 (1): 188 -196.

[118] Mincer J. A. Schooling and earnings [M] . NBER Working Paper,

1974.

[119] Minh T. T., Hjortso C. N. How institutions influence SME innovation and networking practices: The case of Vietnamese agribusiness [J]. Journal of Small Business Management, 2015, 53 (S1): 209-228.

[120] Moore M. P., Ranjan P. Globalisation vs skill-biased technological change: Implications for unemployment and wage inequality [J]. The Economic Journal, 2005, 115 (503): 391-422.

[121] Moreno R., Paci R., Usai S. Spatial spillovers and innovation activity in European regions [J]. Environment and Planning A, 2005, 37 (10): 1793-1812.

[122] Moretti E. Local multipliers and human capital in the United States and Sweden [J]. Industrial & Corporate Change, 2013, 22 (1): 339-362.

[123] Morrill R. L. Waves of spatial diffusion [J]. Journal of Regional Science, 1968, 8 (1): 1-18.

[124] Moseley M. J. Urban centres and the diffusion of innovations [M] // Moseley M. J. Growth Centres in Spatial Planning. Oxford: Pergamon Press, 1974: 53-68.

[125] Motohashi K. University-industry collaborations in Japan: The role of new technology-based firms in transforming the National Innovation System [J]. Research Policy, 2005, 34 (5): 583-594.

[126] Murphy K. M., Riddell W. C., Romer P. M. Wages, skills, and technology in the united states and canada [R]. National Bureau of Economic Research, 1998.

[127] Nahuis R. Learning for innovation and the skill premium [J]. Journal of Economics, 2004, 83 (2): 151-179.

[128] OECD. Economics: innovation central to boosting growth and jobs [EB/OL]. http://www.oecd.org/sti/inno/economicsinnovationcentraltoboostinggrowthandjobs.htm, 2010.

[129] Ozgen C., Nijkamp P., Poot J. Immigration and innovation in European

regions [J]. Tinbergen Institute Discussion Paper 11 - 112/3, 2011.

[130] Paci R., Usai S. Technological enclaves and industrial districts: An analysis of the regional distribution of innovative activity in Europe [J]. Regional Studies, 2000, 34 (2): 97 - 114.

[131] Pan S., Zou H. F., Li T. Patent protection, technological change and wage inequality [M]. Beijing: China Economics and Management Academy, Central University of Finance and Economics, 2010.

[132] Park I., Lee K., Yoon B. Exploring promising research frontiers based on knowledge maps in the solar cell technology field [J]. Sustainability, 2015, 7 (10): 13660 - 13689.

[133] Parker S. C. Theories of entrepreneurship, innovation and the business cycle [J]. Journal of Economic Surveys, 2012, 26 (3): 377 - 394.

[134] Peck J. Struggling with the Creative Class [J]. International Journal of Urban and Regional Research, 2005, 29 (4): 740 - 770.

[135] Pedersen P. O. Innovation diffusion within and between National Urban Systems [J]. Geographical Analysis, 1970, 2 (3): 203 - 254.

[136] Pehkonen J., Ojala J. Technological changes, wage inequality and skill premiums: Evidence over three centuries [J]. Working Papers, 2009.

[137] Peilei F., Guanghua W., Ming L. China's regional inequality in innovation capability, 1995 - 2006 [J]. China & World Economy, 2012, 23 (3): 16 - 36.

[138] Pianta M., Tancioni M. Innovations, wages, and profits [J]. Journal of Post Keynesian Economics, 2008, 31 (1): 101 - 123.

[139] Ponds R., Oort F. V., Frenken K. Innovation, spillovers and university - industry collaboration: An extended knowledge production function approach [J]. Papers in Evolutionary Economic Geography, 2010, 10 (2): 231 - 255.

[140] Posner M. V. International trade and technical change [J]. Oxford Economic Papers, 1961, 13 (3): 323 - 341.

[141] Power D., Malmberg A. The contribution of universities to innovation and

economic development: In what sense a regional problem? [J]. Cambridge Journal of Regions, Economy and Society, 2008, 1 (2): 233-245.

[142] Pradhan R. P., Arvin M. B., Hall J. H., et al. Innovation, financial development and economic growth in Eurozone countries [J]. Applied Economics Letters, 2016, 23 (16): 1-4.

[143] Rebelo S. T. Long run policy analysis and long run growth [J]. NBER Working Paper No. 3325, 1990.

[144] Rehm S. V., Goel L., Junglas I. Information management for innovation networks - an empirical study on the "who, what and how" in networked innovation [J]. International Journal of Information Management, 2016, 36 (3): 348-359.

[145] Rodríguez - Pose A., Di Cataldo M. Quality of government and innovative performance in the regions of Europe [J]. Journal of Economic Geography, 2015, 15 (4): 673-706.

[146] Romer P. M. Increasing returns and long - run growth [J]. Journal of Political Economy, 1986, 94 (5): 1002-1037.

[147] Romer P. M. Endogenous technological change [J]. Journal of Political Economy, 1990, 98 (5): 71-102.

[148] Rondé P., Hussler C. Innovation in regions: What does really matter? [J]. Research Policy, 2005, 34 (8): 1150-1172.

[149] Saxenian A. Silicon Valley and Route 128: Regional prototypes or historic exceptions [M] //Castells M. High technology: Space and society. London: Sage Publication, 1985: 91-105.

[150] Schumpeter J. A. The theory of economic development [M]. USA: Harvard University Press, 1934.

[151] Sears G. J., Baba V. V. Toward a multistage, multilevel theory of innovation [J]. Canadian Journal of Administrative Sciences - Revue Canadienne Des Sciences De L Administration, 2011, 28 (4): 357-372.

[152] Serrano R., Paci R., Usai S. Spatial distribution of innovation activity. The case of European regions [R]. Sardinia: Centre for North South Economic Re-

search, University of Cagliari and Sassari, 2003.

[153] Shang Q., Poon J. P., Yue Q. The role of regional knowledge spillovers on China's innovation [J]. China Economic Review, 2012, 23 (4): 1164 – 1175.

[154] Siebert H. Regional economic growth: Theory and policy [M]. Pennsylvania: International Textbook Company, 1969.

[155] Siller M. M., Schatzer T., Tappeiner G. Regional innovation in Europe: A multidimensional approach [M]. Berlin: Springer, 2016.

[156] Sleuwaegen L., Boiardi P. Creativity and regional innovation: Evidence from EU regions [J]. Research Policy, 2014, 43 (9): 1508 – 1522.

[157] Sohn D. W., Kim H., Lee J. H. Policy – driven university – Industry linkages and regional innovation networks in Korea [J]. Environment and Planning C: Government and Policy, 2009, 27 (4): 647 – 664.

[158] Tan J. Growth of industry clusters and innovation: Lessons from Beijing Zhongguancun Science Park [J]. Journal of Business Venturing, 2006, 21 (6): 827 – 850.

[159] Tomás D. B. C., José G Q. Effects of university research on the geography of innovation [J]. Regional Studies, 2005, 39 (9): 1217 – 1229.

[160] Van O. F. G., Lambooy J G. Cities, knowledge, and innovation [M] //Fischer M. M., Nijkamp P. Handbook of Regional Science. Berlin: Springer, 2014: 475 – 488.

[161] Vernon R. International investment and international trade in the product cycle [J]. The Quarterly Journal of Economics, 1966, 8 (2): 307 – 324.

[162] Vivarelli M. The economics of technology and employment: Theory and empirical evidence [J]. Books, 1995, 57 (1): 142.

[163] Vivarelli M. Innovation and employment: a survey [J]. Iza Discussion Papers, 2007.

[164] Vivarelli M. Innovation, employment and skills in advanced and developing countries: A survey of economic literature [J]. Journal of Economic Issues, 2014, 48 (1): 123 – 154.

[165] Wan G., Zhou Z. Income inequality in rural China [J]. United Nations WIDER Research Paper No. 51, 2004.

[166] Wang C. C. Geography of knowledge sourcing, search breadth and depth patterns, and innovative performance: A firm heterogeneity perspective [J]. Environment and Planning A, 2015, 47 (3): 744-761.

[167] Wang S., Fan J., Zhao D., et al. Regional innovation environment and innovation efficiency: The Chinese case [J]. Technology Analysis & Strategic Management, 2015, 28 (4): 1-15.

[168] Wang Y., Ning L., Li J., et al. Foreign direct investment spillovers and the geography of innovation in Chinese regions: The role of regional industrial specialization and diversity [J]. Regional Studies, 2016, 50 (5): 805-822.

[169] Wei S., Wu Y. Globalization and inequality: Evidence from within China [J]. NBER Working Paper No. 8611, 2001.

[170] Weiss M. Skill-biased technological change: Is there hope for the unskilled? [J]. Economics Letters, 2008, 100 (3): 439-441.

[171] Weiss M., Garloff A. Skill-biased technological change and endogenous benefits: The dynamics of unemployment and wage inequality [J]. Applied Economics, 2011, 43 (7): 811-821.

[172] Wheeler C. H. On the distributional aspects of urban growth [J]. Journal of Urban Economics, 2004, 55 (2): 371-397.

[173] Winters J. V. Human capital externalities and employment differences across metropolitan areas of the USA [J]. Journal of Economic Geography, 2013, 13 (5): 799-822.

[174] Woodward D., Figueiredo O., Guimaraes P. Beyond the Silicon Valley: University R&D and high-technology location [J]. Journal of Urban Economics, 2006, 60 (1): 15-32.

[175] Wooldridge J. Introductory econometrics: A modern approach [M]. Stanford: Cengage Learning, 2012.

[176] Xie Y., Zhou X. Income inequality in today's China [J]. Proceedings

of the National Academy of Sciences, 2014, 111 (19): 6928 –6933.

［177］ Xu H. Y. , Zeng R. Q. , Fang S. , et al. Measurement methods and application research of Triple Helix Model in collaborative innovation management ［J］. Qualitative & Quantitative Methods in Libraries, 2017, 4 (2): 463 –482.

［178］ Xu Z. , Yan J. , Zhang P. Does skill – biased technological change necessarily cause increase in wage inequality? ［J］. Economic Review, 2011, 22 (3): 1 –5.

［179］ Yang R. , Welch A. A world – class university in China? The case of Tsinghua ［J］. Higher Education, 2012, 63 (5): 645 –666.

［180］ Zhang J. , Du D. , Park W. G. How private property protection influences the impact of intellectual property rights on economic growth? ［J］. Global Economic Review, 2015, 44 (1): 1 –30.

［181］ Zukauskaite E. Innovation in cultural industries: The role of university links ［J］. Innovation, 2012, 14 (3): 404 –415.

［182］ 安娜，戴宏伟．浙江省城市创新能力比较研究［J］．经济论坛，2016，30（3）：33 –36.

［183］ 安树伟．积极培育创意阶层，促进区域创新发展［J］．区域经济评论，2014，30（3）：105 –107.

［184］ 白俊红，蒋伏心．协同创新、空间关联与区域创新绩效［J］．经济研究，2015，61（7）：174 –187.

［185］ 毕斗斗，方远平，谢蔓，等．我国省域服务业创新水平的时空演变及其动力机制——基于空间计量模型的实证研究［J］．经济地理，2015，35（10）：139 –148.

［186］ 毕先萍．技术进步的就业效应：理论与实证分析［D］．武汉：武汉大学，2003.

［187］ 边伟军，罗公利．基于三螺旋模型的官产学合作创新机制与模式［J］．科技管理研究，2009，29（2）：4 –6.

［188］ 曹勇，秦以旭．中国区域创新能力差异变动实证分析［J］．中国人口·资源与环境，2012，22（3）：164 –169.

［189］曾春媛，范奇伟，王锦，等．高校 R&D 对中关村科技园创新绩效的影响研究［J］．经济体制改革，2013，31（6）：107－111.

［190］曾浩．1997～2013 年中国省域创新差异演化及影响因素分析——基于空间杜宾模型的实证研究［J］．科技管理研究，2016，36（2）：14－20.

［191］曾鹏，吴功亮．技术进步、产业集聚、城市规模与城乡收入差距［J］．重庆大学学报（社会科学版），2015，21（6）：18－34.

［192］曾小春，王金龙．技术进步对垄断行业与非垄断行业收入差距的影响［J］．产业经济研究，2012，11（4）：47－53＋80.

［193］陈斌开，林毅夫．发展战略、城市化与中国城乡收入差距［J］．中国社会科学，2013，34（4）：81－102.

［194］陈春良，易君健．收入差距与刑事犯罪：基于中国省级面板数据的经验研究［J］．世界经济，2009，69（1）：13－25.

［195］陈洪转，羊震，刘思峰，等．基于滞后 DEA 的我国高校科研经费使用效率评价［J］．管理评论，2011，23（8）：72－77.

［196］陈劲，陈钰芬．企业技术创新绩效评价指标体系研究［J］．科学学与科学技术管理，2006，27（3）：86－91.

［197］陈晶，陈宁．我国专利分布的空间特征与区域创新能力影响因素分析［J］．中国科学技术大学学报，2012，42（3）：252－258.

［198］陈雪梅，叶宇平．技术进步与技能溢价：基于 CHNS 数据库的分析［J］．商业研究，2014，57（11）：21－27.

［199］陈翊，冯云廷．非正规就业与市场化进程：基于面板数据的空间计量验证［J］．人口学刊，2016，38（6）：99－110.

［200］程开明．聚集抑或扩散——城市规模影响城乡收入差距的理论机制及实证分析［J］．经济理论与经济管理，2011，31（8）：14－23.

［201］程叶青，王哲野，马靖．中国区域创新的时空动态分析［J］．地理学报，2014，69（12）：1779－1789.

［202］丛海彬，邹德玲，蒋天颖．浙江省区域创新平台空间分布特征及其影响因素［J］．经济地理，2015，35（1）：112－118.

［203］崔万田，周晔馨，李进伟．沈阳与大连装备制造业创新能力的比较研

究［J］．财经问题研究，2009，31（4）：122－128.

［204］大卫·李嘉图．政治经济学及赋税原理［M］．北京：商务印书馆，1962.

［205］代明，张晓鹏．基于 DEA 的中国创新型城市创新绩效分析［J］．科技管理研究，2011，31（6）：6－8.

［206］丁军，黄茹，吕拉昌．基于专利授权数的长江经济带创新差异的多尺度分析［J］．长江流域资源与环境，2016，25（6）：868－876.

［207］董直庆，王林辉．劳动力市场需求分化和技能溢价源于技术进步吗？［J］．经济学家，2011，23（8）：75－82.

［208］董直庆，王芳玲，高庆昆．技能溢价源于技术进步偏向性吗？［J］．统计研究，2013，30（6）：37－44.

［209］董直庆，蔡啸，王林辉．技能溢价：基于技术进步方向的解释［J］．中国社会科学，2014，35（10）：22－40.

［210］方创琳，马海涛，王振波，等．中国创新型城市建设的综合评估与空间格局分异［J］．地理学报，2014，69（4）：459－473.

［211］方维慰．研究型大学的区域创新功能与实现途径［J］．江苏高教，2013，29（5）：55－57.

［212］佛罗里达．创意阶层的崛起［M］．北京：中信出版社，2010.

［213］付晓东．区域创新系统的构建——以淄博市为例［J］．地域研究与开发，2001，20（2）：1－5.

［214］傅利平，王向华，王明海．我国区域创新系统中高校主体功能有效性实证研究［J］．情报杂志，2012，31（3）：192－197.

［215］高虹．城市人口规模与劳动力收入［J］．世界经济，2014，74（10）：145－164.

［216］高建，汪剑飞，魏平，等．企业技术创新绩效指标：现状、问题和新概念模型［J］．科研管理，2004，25（S1）：14－22.

［217］高雅群．基于高技术产业集群的知识溢出对区域创新系统的影响研究［M］．北京：中国经济出版社，2014.

［218］高月姣，吴和成．创新主体及交互作用对区域创新效率影响的实证研

究 [J]. 软科学, 2015a, 29 (12): 45 -48.

[219] 高月姣, 吴和成. 创新主体及其交互作用对区域创新能力的影响研究 [J]. 科研管理, 2015b, 36 (10): 51 -57.

[220] 龚晓瑾. 研究型大学在区域创新体系中的角色定位 [J]. 学习与实践, 2010, 27 (7): 29 -33.

[221] 顾江. 技术创新: 过程与扩散分析 [J]. 江苏社会科学, 2001, 22 (2): 57 -59.

[222] 官建成, 何颖. 基于DEA方法的区域创新系统的评价 [J]. 科学学研究, 2005, 23 (2): 265 -272.

[223] 桂黄宝. 我国高技术产业创新能力时空差距研究 [J]. 经济体制改革, 2013, 31 (2): 98 -102.

[224] 桂黄宝. 我国高技术产业创新效率及其影响因素空间计量分析[J]. 经济地理, 2014, 34 (6): 100 -107.

[225] 郭国峰, 温军伟, 孙保营. 技术创新能力的影响因素分析——基于中部六省面板数据的实证研究 [J]. 数量经济技术经济研究, 2007, 24 (9): 134 -143.

[226] 郭嘉仪, 张庆霖. 省际知识溢出与区域创新活动的空间集聚——基于空间面板计量方法的分析 [J]. 研究与发展管理, 2012, 24 (6): 1 -11 +126.

[227] 郭剑雄. 人力资本、生育率与城乡收入差距的收敛 [J]. 中国社会科学, 2005, 26 (3): 27 -37 +205.

[228] 郭泉恩, 钟业喜, 王琪. 江西省人口文化素质空间格局及与城市规模匹配分析 [J]. 长江流域资源与环境, 2013, 22 (8): 989 -995.

[229] 郭泉恩, 孙斌栋. 中国高技术产业创新空间分布及其影响因素——基于面板数据的空间计量分析 [J]. 地理科学进展, 2016, 35 (10): 1218 -1227.

[230] 郭泉恩, 孙斌栋. 高校知识溢出对我国高技术产业创新的影响研究——基于省级区域的空间计量分析 [J]. 世界地理研究, 2017, 24 (4): 82 -92.

[231] 何键芳, 张虹鸥, 叶玉瑶, 等. 广东省区域创新产出的空间相关性研究 [J]. 经济地理, 2013, 33 (2): 117 -121 +140.

［232］何小洲，何优军．官产学合作对社会资本与技术创新的中介效应研究［J］．科技进步与对策，2016，33（21）：11－15.

［233］洪俊杰，石丽静．自主研发、地区制度差异与企业创新绩效——来自371家创新型企业的经验证据［J］．科学学研究，2017，35（2）：310－320.

［234］侯纯光，程钰，任建兰，等．中国创新能力时空格局演变及其影响因素［J］．地理科学进展，2016，35（10）：1206－1217.

［235］侯润秀，官建成．外商直接投资对我国区域创新能力的影响［J］．中国软科学，2006，21（5）：104－111.

［236］胡浩，陈鑫弘，葛岳静．我国高校空间结构及其地域差异分析［J］．教育发展研究，2014，35（3）：1－7.

［237］江海潮，张彬．中国地区竞争力与地区居民收入差距——基于委托—代理模型的分析［J］．经济评论，2008，29（5）：32－41.

［238］江旭，高山行．知识积累与获取对企业创新的交互作用研究［J］．研究与发展管理，2010，22（6）：8－14.

［239］姜慧，曾群超．区域中小企业创新指数体系构建研究［J］．科技管理研究，2014，34（13）：35－41.

［240］蒋伏心，华冬芳，胡潇．产学研协同创新对区域创新绩效影响研究［J］．江苏社会科学，2015，36（5）：64－72.

［241］蒋天颖．我国区域创新差异时空格局演化及其影响因素分析［J］．经济地理，2013，33（6）：22－29.

［242］蒋天颖．浙江省区域创新产出空间分异特征及成因［J］．地理研究，2014，33（10）：1825－1836.

［243］雷亮，许继琴，应妙红．区域创新产出时空格局演变研究——以浙江省县域为例［J］．科技与管理，2015，17（1）：24－29.

［244］雷欣，陈继勇，覃思．开放、创新与收入不平等——基于中国的实证研究［J］．经济管理，2014，36（5）：1－12.

［245］李晨，覃成林，任建辉．空间溢出、邻近性与区域创新［J］．中国科技论坛，2017，33（1）：47－52.

［246］李凡，李娜．金砖国家技术创新影响因素差异及对中国的启示［J］．

中央财经大学学报，2015，35（7）：86－90.

［247］李国平，王春杨．我国省域创新产出的空间特征和时空演化——基于探索性空间数据分析的实证［J］．地理研究，2012，31（1）：95－106.

［248］李海宗，陈磊．德国职业教育衔接模式对我国的启示［J］．中国高教研究，2012，28（9）：100－102.

［249］李恒，杜德斌，肖刚．1996～2012年中国科技创新重心的空间演变及其影响因素分析：基于省域数据的研究［J］．华东师范大学学报（自然科学版），2016，62（3）：115－124.

［250］李建新．中国民生发展报告［M］．北京：北京大学出版社，2015.

［251］李婧，谭清美，白俊红．中国区域创新生产的空间计量分析——基于静态与动态空间面板模型的实证研究［J］．管理世界，2010，26（7）：43－55.

［252］李骏，顾燕峰．中国城市劳动力市场中的户籍分层［J］．社会学研究，2011，26（2）：48－77.

［253］李林，傅庆．产学研主体创新效率对区域创新的影响研究［J］．科技进步与对策，2014，31（5）：45－49.

［254］李琳，吴越．地理邻近、网络位置对产学联盟合作创新的影响［J］．中国科技论坛，2014，30（9）：75－78.

［255］李平，高敬云，李蕾蕾．中国普通高等教育质量对技能溢价的影响——基于技能偏向型技术进步的视角［J］．山东大学学报（哲学社会科学版），2014，64（4）：10－19.

［256］李群峰．技能偏向型技术进步、教育投入与收入不平等——基于全国数据的实证研究［J］．软科学，2015，29（6）：33－36.

［257］李实，岳希明．中国城乡收入差距［J］．绿色中国（理论版），2004，26（Z1）：108.

［258］李文国，林木西．中国国家创新体系绩效评价指标构建研究［J］．未来与发展，2010，33（11）：2－5.

［259］李习保．中国区域创新能力变迁的实证分析：基于创新系统的观点［J］．管理世界，2007，23（12）：18－30.

［260］李晓静，王冰，谢佳颖．DEA－CCR模型在高校科研经费使用效率

评价中的应用研究［J］．教育科学，2015，31（2）：79－85.

［261］李欣．技术进步、对外开放与城市工资差距的实证［J］．统计与决策，2009，25（14）：88－90.

［262］李欣．技术进步与工资差距关系研究新进展［J］．经济学动态，2010，51（5）：96－101.

［263］李应博，何建坤．大学科技园在首都区域创新体系中的作用机制与发展对策［J］．宏观经济研究，2006，28（7）：60－63.

［264］李正友，毕先萍．技术进步的就业效应：一个理论分析框架［J］．经济评论，2004，25（2）：21－24.

［265］李政，杨思莹．创新强度，产业结构升级与城乡收入差距——基于2007～2013年省级面板数据的空间杜宾模型分析［J］．社会科学研究，2016，38（2）：1－7.

［266］李志刚，汤书昆，梁晓艳，等．我国创新产出的空间分布特征研究——基于省际专利统计数据的空间计量分析［J］．科学学与科学技术管理，2006，27（8）：64－71.

［267］李志宏，王娜，马倩．基于空间计量的区域间创新行为知识溢出分析［J］．科研管理，2013，34（6）：9－16.

［268］连玉君，程建．不同成长机会下资本结构与经营绩效之关系研究［J］．当代经济科学，2006，28（2）：97－103.

［269］梁洁鸣．广东省区域创新活动空间差异分析——基于探索性空间数据分析（ESDA）［J］．福建农林大学学报（哲学社会科学版），2010，13（4）：58－63.

［270］梁滢，李金玲．贸易开放对我国劳动力工资差距的影响——基于1998～2010年区域面板数据的实证分析［J］．国际经贸探索，2013，29（5）：70－83.

［271］林宏，陈广汉．居民收入差距测度的方法与指标［J］．市场与人口分析，2004，10（4）：63－66.

［272］刘秉镰，徐锋，李兰冰．中国医药制造业创新效率评价与要素效率解构［J］．管理世界，2013，29（2）：169－171.

［273］刘凤良，易信．资本偏向技术进步是否影响了中国城乡收入差距［J］．福建论坛（人文社会科学版），2013，33（7）：10－16.

［274］刘和东，施建军．区域创新及其影响因素的空间计量分析［J］．科技管理研究，2009，29（10）：198－199.

［275］刘红玉，彭福扬．创新理论的拓荒者［M］．北京：人民出版社，2013.

［276］刘亮．区域创新、创业与经济增长［M］．上海：复旦大学出版社，2012.

［277］刘清春，刘淑芳，马永欢．创新水平对中国城乡收入差距的影响研究——基于工具变量回归模型［J］．软科学，2016，30（9）：11－14.

［278］刘瑞，吴静，张冬平，等．中国产学研协同创新政策的主题及其演进［J］．技术经济，2016，35（8）：45－52.

［279］刘润芳，杨建飞．陕西省区域技术创新能力影响因素分析［J］．统计与信息论坛，2010，25（11）：62－66.

［280］龙小宁，朱艳丽，蔡伟贤，等．基于空间计量模型的中国县级政府间税收竞争的实证分析［J］．经济研究，2014，60（8）：41－53.

［281］鲁诚至．区域创新网络、异质企业成长与区域创新［J］．科研管理，2017，38（2）：77－83.

［282］鲁元平，王韬．收入不平等，社会犯罪与国民幸福感——来自中国的经验证据［J］．经济学（季刊），2011，10（3）：1437－1458.

［283］陆铭，陈钊．城市化，城市倾向的经济政策与城乡收入差距［J］．经济研究，2004，21（6）：50－58.

［284］陆雪琴，文雁兵．偏向型技术进步，技能结构与溢价逆转——基于中国省级面板数据的经验研究［J］．中国工业经济，2013，31（10）：18－30.

［285］陆正飞，何捷，窦欢．谁更过度负债：国有还是非国有企业？［J］．经济研究，2015，32（12）：54－67.

［286］罗掌华，杨志江．区域创新评价：理论、方法与应用［M］．北京：经济科学出版社，2011.

［287］吕拉昌，李勇．基于城市创新职能的中国创新城市空间体系［J］．

地理学报，2010，65（2）：177－190.

［288］吕艳，赵彦云．大学对区域创新的贡献力研究——基于知识生产函数的省域面板数据分析［J］．现代管理科学，2014，33（10）：9－11.

［289］马克思．资本论．第一卷［M］．北京：人民出版社，2004.

［290］马磊．人力资本结构、技术进步与城乡收入差距——基于中国2002～2013年30个省区面板数据的分析［J］．华东经济管理，2016，30（2）：56－63.

［291］马双，曾刚．收入不平等与城市创新的关系研究——以我国69个城市为例［J］．经济问题探索，2016，37（8）：92－99.

［292］马歇尔．经济学原理［M］．北京：商务印书馆，1965.

［293］毛才盛．高校对区域创新系统支持力研究［J］．中国高教研究，2012，28（6）：74－77.

［294］毛凯军．技术创新：理论回顾与探讨［J］．科学学与科学技术管理，2005，26（10）：55－59.

［295］苗妙，魏建．知识产权行政执法偏好与企业创新激励——基于转型期"大调解"机制政策效果的分析［J］．产业经济研究，2014，13（6）：102－110.

［296］倪鹏飞，白晶，杨旭．城市创新系统的关键因素及其影响机制——基于全球436个城市数据的结构化方程模型［J］．中国工业经济，2011，29（2）：16－25.

［297］宁军明．知识溢出与区域经济增长［M］．北京：经济科学出版社，2008.

［298］宁越敏．中国城市化特点、问题及治理［J］．南京社会科学，2012，23（10）：19－27.

［299］宁越敏．中国推进新型城镇化战略的思考［J］．上海城市规划，2014，24（1）：43－46.

［300］牛方曲，刘卫东．中国区域科技创新资源分布及其与经济发展水平协同测度［J］．地理科学进展，2012，31（2）：149－155.

［301］牛欣，陈向东．中国和欧洲区域创新时空发展特征对比［J］．中国

软科学，2011，26（S1）：126－135.

［302］潘士远．最优专利制度、技术进步方向与工资不平等［J］．经济研究，2008，54（1）：127－136.

［303］潘文卿．中国的区域关联与经济增长的空间溢出效应［J］．经济研究，2012，58（1）：54－65.

［304］潘雄锋．中国区域创新发展时空演化的测度分析［J］．大连理工大学学报（社会科学版），2010，31（1）：31－34.

［305］潘雄锋，史晓辉．基于专利指标的中国区域创新趋同的时空演变特征分析［J］．管理评论，2012，24（2）：116－121.

［306］其格其，高霞，曹洁琼．我国ICT产业产学研合作创新网络结构对企业创新绩效的影响［J］．科研管理，2016，37（S1）：110－115.

［307］乔颖，王永杰，陈光．研究型大学在区域创新系统中的地位与作用［J］．科学学与科学技术管理，2002，23（6）：47－49.

［308］任晓莉．我国居民收入分配差距问题研究的评析［J］．中州学刊，2004，26（5）：45－50.

［309］邵敏，刘重力．出口贸易、技术进步的偏向性与我国工资不平等［J］．经济评论，2010，31（4）：73－81.

［310］邵帅，范美婷，杨莉莉．资源产业依赖如何影响经济发展效率？——有条件资源诅咒假说的检验及解释［J］．管理世界，2013，29（2）：32－63.

［311］史修松，赵曙东，吴福象．中国区域创新效率及其空间差异研究［J］．数量经济技术经济研究，2009，26（3）：45－55.

［312］宋冬林，王林辉，董直庆．技能偏向型技术进步存在吗？——来自中国的经验证据［J］．经济研究，2010，56（5）：68－81.

［313］宋慧林，马运来．我国旅游业技术创新水平的区域空间分布特征——基于专利数据的统计分析［J］．旅游科学，2010，24（2）：71－76.

［314］宋映铉，李顺成．中部地区区域创新力量的时空变化研究［J］．工业技术经济，2016，35（9）：12－19.

［315］孙红兵．我国地区间城市创新能力差异的实证分析——基于创新系统的观点［J］．经济问题探索，2011，32（10）：100－105.

［316］孙建．中国区域创新内生俱乐部收敛研究——空间过滤与门槛面板分析［J］．科学学与科学技术管理，2011，32（7）：74－80.

［317］孙建，吴利萍，齐建国．中国区域创新对宏观经济影响的计量研究——东中西部三大区域实证分析［J］．研究与发展管理，2013，25（2）：66－73.

［318］孙久文，姚鹏．空间计量经济学的研究范式与最新进展［J］．经济学家，2014，26（7）：27－35.

［319］孙希波．地方高校在区域创新体系建设中的作用与参与机制［J］．黑龙江高教研究，2009，28（7）：22－24.

［320］涂成林．国外区域创新体系不同模式的比较与借鉴［J］．科技管理研究，2005，25（11）：167－171.

［321］谭俊涛，张平宇，李静．2001～2010年黑龙江省城市创新能力格局与发展过程［J］．地理科学进展，2014，33（4）：508－516.

［322］谭俊涛，张平宇，李静．中国区域创新绩效时空演变特征及其影响因素研究［J］．地理科学，2016，36（1）：39－46.

［323］唐绍欣，李增刚．熊彼特的制度经济思想及其与马克思的比较［J］．教学与研究，2001，49（3）：31－36.

［324］万勇．广东省技术创新能力的空间分布及其经济增长效应［J］．暨南大学学报（哲学社会科学版），2012，34（2）：80－89.

［325］汪澄清．马克思与熊彼特创新思想之比较［J］．马克思主义与现实，2001，12（3）：42－47.

［326］汪艳，王跃，吴玉鸣，等．空间集聚与体育产业增长的关系研究——基于SLM和SEM模型的实证［J］．经济经纬，2016，33（5）：78－83.

［327］王苍峰，司传宁．经济开放、技术进步与我国制造业的工资差距［J］．南开经济研究，2011，27（6）：41－54.

［328］王成军，刘芳，王德应．产业转移与区域创新的乘积效应对经济增长影响的实证研究——以“合芜蚌新区”为例［J］．经济体制改革，2014，32（6）：42－46.

［329］王崇锋，徐恒博，张古鹏．城市区域创新能力差异研究——基于专利

质量的视角［J］. 山东大学学报（哲学社会科学版），2014，64（1）：74－80.

［330］王春杨，张超. 地理集聚与空间依赖——中国区域创新的时空演进模式［J］. 科学学研究，2013，31（5）：780－789.

［331］王春杨，张超. 中国地级区域创新产出的时空模式研究——基于ESDA的实证［J］. 地理科学，2014，34（12）：1438－1444.

［332］王春杨，许浩楠. 中国省域创新差异的时空演变特征研究［J］. 科技管理研究，2016，36（5）：65－70.

［333］王德青，朱建平，谢邦昌. 中国创新能力区域差异的静态与动态分析——基于拓展聚类模型层级划分的角度［J］. 数理统计与管理，2014，33（5）：910－921.

［334］王福君，宋玉祥. 技术创新推动辽宁省装备制造业升级的机理和路径［J］. 理论界，2008，24（12）：63－64.

［335］王光栋. 技术进步与地区就业增长［M］. 南昌：江西人民出版社，2015.

［336］王缉慈等. 创新的空间：企业集群与区域发展［M］. 北京：北京大学出版社，2001.

［337］王家庭，贾晨蕊. 中国区域创新能力及影响因素的空间计量分析［J］. 中国科技论坛，2009，25（12）：73－78.

［338］王静文. 美、日技术创新的差异及对我国的启示［J］. 经济纵横，2003，19（6）：36－39.

［339］王俊松，颜燕，胡曙红. 中国城市技术创新能力的空间特征及影响因素——基于空间面板数据模型的研究［J］. 地理科学，2017，37（1）：11－18.

［340］王立平. 我国高校R&D知识溢出的实证研究——以高技术产业为例［J］. 中国软科学，2005，20（12）：54－59.

［341］王立平. 知识溢出及其对我国区域经济增长作用的实证研究［D］. 成都：西南交通大学，2006.

［342］王丽娟，王良健，王鹏. 基于Panel Data创新能力的影响因素分析——以湖南及周边省份为例［J］. 科技管理研究，2009，29（9）：111－113.

［343］王培暄. 收入差距社会风险的预警与控制［M］. 南京：南京大学出

版社，2013.

[344] 王鹏，赵捷. 产业结构调整与区域创新互动关系研究——基于我国2002~2008年的省际数据 [J]. 产业经济研究，2011，10 (4)：53-60.

[345] 王鹏，张剑波. 外商直接投资、官产学研合作与区域创新产出——基于我国十三省市面板数据的实证研究 [J]. 经济学家，2013，25 (1)：58-66.

[346] 王庆喜，张朱益. 我国省域创新活动的空间分布及其演化分析 [J]. 经济地理，2013，33 (10)：8-15.

[347] 王锐淇，张宗益. 区域创新能力影响因素的空间面板数据分析 [J]. 科研管理，2010，31 (3)：17-26.

[348] 王胜光，王旭琰. 中国创新发展的过程与战略构成——改革开放以来的实践与经验 [J]. 中国科学院院刊，2015，30 (5)：611-618.

[349] 王守坤. 空间计量模型中权重矩阵的类型与选择 [J]. 经济数学，2013，30 (3)：57-63.

[350] 王淑英，秦芳. 基于空间面板模型的高校创新产出溢出效应的实证研究 [J]. 软科学，2015，30 (7)：64-68.

[351] 王松，胡树华，牟仁艳. 区域创新体系理论溯源与框架 [J]. 科学学研究，2013，31 (3)：344-349.

[352] 王婷，孙斌栋. 技术创新在城市经济增长中的作用 [J]. 城市问题，2015，34 (2)：57-63.

[353] 王维，郑巧慧，乔朋华. 金融环境、政府补贴与中小企业技术创新——基于中小板上市公司的实证研究 [J]. 科技进步与对策，2014，31 (23)：87-92.

[354] 王子敏. 基于空间溢出视角的城乡消费差距问题研究 [J]. 农业技术经济，2012，31 (2)：88-98.

[355] 魏守华，禚金吉，何嫄. 区域创新能力的空间分布与变化趋势 [J]. 科研管理，2011，32 (4)：152-160.

[356] 魏守华，王英茹，汤丹宁. 产学研合作对中国高技术产业创新绩效的影响 [J]. 经济管理，2013，35 (5)：19-30.

[357] 魏艳，李郑民，杨迅周，等. 区域创新体系中产学研合作对策研究

[J]. 地域研究与开发, 2004, 23 (3): 53-57.

[358] 吴昊, 张天译. 协同创新视角下的区域创新体系构建 [J]. 社会科学战线, 2016, 39 (10): 69-76.

[359] 吴江洁, 孙斌栋. 通勤时间的幸福绩效——基于中国家庭追踪调查的实证研究 [J]. 人文地理, 2016, 31 (3): 33-39.

[360] 吴淑娥, 黄振雷, 仲伟周. 人力资本一定会促进创新吗——基于不同人力资本类型的经验证据 [J]. 山西财经大学学报, 2013, 35 (9): 22-30.

[361] 吴玉鸣. 空间计量经济模型在省域研发与创新中的应用研究 [J]. 数量经济技术经济研究, 2006a, 23 (5): 74-85+130.

[362] 吴玉鸣. 大学、企业研发与首都区域创新的局域空间计量分析 [J]. 科学学研究, 2006b, 24 (3): 398-404.

[363] 吴玉鸣. 大学、企业研发与区域创新的空间统计与计量分析 [J]. 数理统计与管理, 2007, 26 (2): 318-324.

[364] 吴玉鸣. 官产学 R&D 合作、知识溢出与区域专利创新产出 [J]. 科学学研究, 2009, 27 (10): 1486-1494.

[365] 吴玉鸣. 大学知识创新与区域创新环境的空间变系数计量分析 [J]. 科研管理, 2010, 31 (5): 116-123.

[366] 吴玉鸣, 田斌. 省域环境库兹涅茨曲线的扩展及其决定因素——空间计量经济学模型实证 [J]. 地理研究, 2012, 31 (4): 627-640.

[367] 吴玉鸣, 刘鲁艳. 城市工业空间布局与区域协调发展水平综合评价及差异——环渤海地区与西部能源"金三角"比较 [J]. 经济地理, 2016, 36 (7): 91-98.

[368] 伍其亮, 史元亭, 万广华. 投资倾向与城乡差距——来自省级面板数据的证据 [J]. 世界经济文汇, 2015, 59 (1): 34-49.

[369] 武小龙, 刘祖云. 城乡差距的形成及其治理逻辑: 理论分析与实证检验——基于城市偏向理论的视角 [J]. 江西财经大学学报, 2013, 15 (4): 78-86.

[370] 肖刚, 杜德斌, 戴其文. 中国区域创新差异的时空格局演变 [J]. 科研管理, 2016a, 37 (5): 42-50.

[371] 肖刚，杜德斌，李恒，等. 长江中游城市群城市创新差异的时空格局演变 [J]. 长江流域资源与环境，2016b，25 (2)：199 -207.

[372] 谢婷婷，司登奎，陈文新. 结构转型、科技创新与“改革红利悖论”——基于城乡收入差距视角的实证检验 [J]. 软科学，2015，30 (1)：37 -41.

[373] 谢延钊，郝寿义. 科技型中小企业创新指数评价体系研究 [J]. 现代管理科学，2015，34 (4)：67 -69.

[374] 谢宇. 回归分析（修订版）[M]. 北京：社会科学文献出版社，2010.

[375] 熊彼特. 经济发展理论 [M]. 北京：商务印书馆，1990.

[376] 徐光耀，杨超. 全球国家创新能力评价差异分析——兼论中国创新的位置 [J]. 科学管理研究，2014，34 (3)：1 -4.

[377] 徐建华. 计量地理学 [M]. 北京：高等教育出版社，2005.

[378] 徐舒. 技术进步，教育收益与收入不平等 [J]. 经济研究，2010，56 (9)：79 -92.

[379] 徐盈之，金乃丽. 高校官产学合作创新对区域经济增长影响的研究 [J]. 科研管理，2010，31 (1)：147 -152.

[380] 徐永智，衣保中. 中国东部各省市区域创新能力评价 [J]. 黑龙江社会科学，2017，28 (1)：82 -85.

[381] 许志成，闫佳. 技能偏向型技术进步必然加剧工资不平等吗？[J]. 经济评论，2011，32 (3)：20 -29.

[382] 薛领. 长三角区域创新与一体化战略的回顾与前瞻 [J]. 区域经济评论，2014，30 (3)：107 -109.

[383] 亚当·斯密. 国民财富的性质和原因的研究 [M]. 北京：商务印书馆，1972.

[384] 杨春艳. 非均衡贸易发展、技术进步与工资差距——基于中国地区面板数据的实证研究 [J]. 商业研究，2014，56 (6)：83 -89.

[385] 杨东占. 构建创新调查和报告制度，推动治理能力现代化 [J]. 中国高校科技，2014，24 (7)：15 -19.

［386］杨蕙馨，李春梅．中国信息产业技术进步对劳动力就业及工资差距的影响［J］．中国工业经济，2013，31（1）：51－63.

［387］杨俊，李晓羽，杨尘．技术模仿、人力资本积累与自主创新——基于中国省际面板数据的实证分析［J］．财经研究，2007，52（5）：18－28.

［388］杨新铭，周云波．技术进步与人力资本对城乡收入差距的作用——基于我国1995～2005年分省数据面板分析的实证研究［J］．山西财经大学学报，2008，30（5）：19－25.

［389］姚微．高校对区域技术创新能力的影响［J］．科技管理研究，2009，29（9）：209－211.

［390］余昌龙．技术差距与经济增长方式转变研究［M］．北京：经济科学出版社，2013.

［391］喻美辞．国际贸易、技术进步对相对工资差距的影响——基于我国制造业数据的实证分析［J］．国际贸易问题，2008，34（4）：9－15.

［392］喻美辞，熊启泉．中间产品进口，技术溢出与中国制造业的工资不平等［J］．经济学动态，2012，53（3）：55－62.

［393］喻美辞，喻春娇．国际贸易、技术创新与中国城镇劳动力的技能工资差距：基于劳动力个体微观数据的实证研究［J］．国际贸易问题，2016，42（5）：16－27.

［394］原长弘，贾一伟．国内创新网络研究基本状况和主要进展［J］．科学学研究，2003，21（5）：552－555.

［395］约翰·弗农·亨德森，雅克—弗朗索瓦·蒂斯．区域和城市经济学手册（第4卷）［M］．北京：经济科学出版社，2012.

［396］战梦霞．技术创新的就业效应［D］．北京：中共中央党校，2007.

［397］张斌．收入不平等关系的根源：自由贸易还是技术进步［J］．世界经济研究，2003，22（2）：32－37.

［398］张凤海，侯铁珊．技术创新理论述评［J］．东北大学学报（社会科学版），2008，10（2）：101－105.

［399］张海滨，陈笃彬．基于三螺旋理论的高校支撑区域创新体系评价研究［J］．东南学术，2012，25（1）：181－189.

［400］张红霞．技术进步的就业效应研究［D］．天津：天津大学，2011.

［401］张红宇，蒋玉石，杨力，等．区域创新网络中的交互学习与信任演化研究［J］．管理世界，2016，32（3）：170－171.

［402］张建伟，石江江，王艳华，等．长江经济带创新产出的空间特征和时空演化［J］．地理科学进展，2016，35（9）：1119－1128.

［403］张军涛，黎洁岑．基于移动互联网产业集聚的城市创新能力比较研究［J］．财经问题研究，2014，36（11）：115－119.

［404］张可云，王裕瑾．区域经济β趋同的空间计量检验［J］．南开大学学报（哲学社会科学版），2016，62（1）：89－96.

［405］张鹏，于伟．高校对区域创新效率的影响：基于随机前沿生产函数的分析［J］．教育与经济，2013，29（6）：24－29.

［406］张鹏，于伟．我国省域创新能力差异的演变和解释——基于面板数据FEM模型和Shapley分解的分析［J］．科技管理研究，2015，35（7）：33－38.

［407］张友志，顾红春．江苏省县域创新产出的空间关联与时空演化［J］．地域研究与开发，2013，32（6）：33－38.

［408］张玉明，李凯．中国创新产出的空间分布及空间相关性研究——基于1996～2005年省际专利统计数据的空间计量分析［J］．中国软科学，2007，22（11）：97－103.

［409］张宗庆，郑江淮．技术无限供给条件下企业创新行为——基于中国工业企业创新调查的实证分析［J］．管理世界，2013，29（1）：115－132.

［410］章莉，李实，William A. Darity Jr，等．中国劳动力市场上工资收入的户籍歧视［J］．管理世界，2014，30（11）：35－46.

［411］章莉，李实，William A. Darity Jr，等．中国劳动力市场就业机会的户籍歧视及其变化趋势［J］．财经研究，2016，42（1）：61.

［412］赵利．技术进步对劳动就业的影响研究［D］．天津：天津大学，2009.

［413］赵强强，陈洪转，俞斌．利用截面数据对地域高校科研经费使用效率的评价［J］．科学学与科学技术管理，2009，30（9）：119－122.

［414］赵文平，杨海珍．基于DEA的西部区域创新网络效率评价［J］．科

研管理，2016，37（S1）：393－400.

［415］赵新宇，范欣，姜扬．收入，预期与公众主观幸福感——基于中国问卷调查数据的实证研究［J］．经济学家，2013，25（9）：15－23.

［416］郑万吉，叶阿忠．城乡收入差距，产业结构升级与经济增长——基于半参数空间面板 VAR 模型的研究［J］．经济学家，2015，27（10）：61－67.

［417］中国科技发展战略研究小组．中国区域创新能力报告 2004～2005［M］．北京：知识产权出版社，2005.

［418］周迪，张虎．中国创新水平区域趋同时空演变［J］．中国科技论坛，2015，31（6）：11－15.

［419］周慧，苗洪亮，曾冰．创新驱动、城镇化与区域经济增长：基于空间溢出及门槛效应的实证分析［J］．经济问题探索，2017，38（4）：95－102.

［420］周柯，唐娟莉．我国省际创新驱动发展能力测度及影响因素分析［J］．经济管理，2016，38（7）：24－34.

［421］周密．技术空间扩散论［M］．天津：南开大学出版社，2010.

［422］周青，刘志高，朱华友，等．创新系统理论演进及其理论体系关系研究［J］．科学学与科学技术管理，2012，33（2）：50－55.

［423］周云波．我国收入差距变化何时迎来倒 U 轨迹的拐点［J］．经济纵横，2010，26（4）：43－46.

［424］周云波，高连水，武鹏．我国地区收入差距的演变及影响因素分析：1985～2005［J］．中央财经大学学报，2010，30（5）：38－43.

［425］朱辉．我国省域科技创新水平的空间分布评价［J］．东南大学学报（哲学社会科学版），2015，17（S2）：63－64.

［426］朱勇．新增长理论［M］．北京：商务印书馆，1999.

［427］庄涛，吴洪．基于 USPTO 数据的中国官产学三螺旋关系研究［J］．科技管理研究，2015，35（20）：214－218.

［428］庄亚明，穆荣平，尤海燕．FDI、官产学合作对区域创新能力的影响［J］．科技与经济，2010，23（3）：11－14.